沒有人
應該
堅強一輩子

艾莉

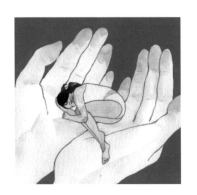

聽艾莉，是一種放心

／陶晶瑩

我最沮喪的是，曾經我給姐妹淘的感情建議她們居然不聽，
然後飛蛾撲火，然後粉身碎骨。

她們情願聽算命的，情願聽修甲師，美髮師的。

我想，我可以建議她們聽聽艾莉的，
一種理智又溫暖的勸誡，一種娓娓道來的陪伴。

這樣，我就放心多了。

沒有人應該堅強一輩子，
但是可以堅強一下子

／蔡燦得

李安導演的《比利·林恩的中場戰事Billy Lynn's Long Halftime Walk》在2016年11月2日早上10:00，舉行了全亞洲第一場公開的媒體試映。在京站威秀影城的特別廳，放映每秒120格、4K、3D的高規格拍攝。

我和艾莉受邀前往，電影公司說早上09:30開始取票入場，可是才09:00，她就傳簡訊來說已經到了。雖然我們說好早點到，免得沒有好位置，畢竟媒體試片是沒有對號入座的，不想坐到第一排，就得早早去排隊，但她未免也太早到了吧？

果然，「都沒人耶，哈哈哈。」她傳簡訊來，當時的我正排隊搭捷運，而且已經放棄前一班，人實在是太多又擠，我懶得搶搭。

「怎辦啊？是在這裡取票嗎？」她開始在簡訊裡緊張兮兮。

「現在有人了，30個。」她再傳訊來的時候，我又放棄了第二班。

「決定搭小黃了，等等喔。」我一邊回訊一邊坐進計程車，看了時間，才09:10。

接下來的路程裡，不斷收到她的訊息：「大約50個人了。」、「給票的人還沒來耶…」、「這些人我都不認識。」、「一緊張就想上廁所。」我笑死了，這個從清朝末年就縱橫娛樂傳播圈直到今日的不死老兵，只不過是看個試片，到底是在慌張什麼？

「我要堅強。」她繼續自言自語。

「沒有人能堅強一輩子。」我回她，這是她剛剛宣布的新書名字，「但是能堅強一下子」。這個回答換來她的好幾個「哈」，之後又開始自言自語，「目測約百人了⋯你在哪？」

在這的前一天，我和她看到友人轉貼溫水煮青蛙的新聞，一大鍋蛙，活生生煮成熟的，我和她都覺得過程真殘忍。

關於「堅強」這件事，許多人就是像溫水煮青蛙，一開始無感，直到發現不對勁時，已經來不及了。與青蛙不同的是，這些人對「堅強」的不知不覺，不在於水溫的高低，而是在於「一下子」這三個字。

事情來了，覺得害怕，但，「沒關係，就先撐著一下子吧。」

就像艾莉，為了工作要介紹的電影，試片前，還得先進公司處理事情，好早，但沒關係，累一下子就好了。

到了陌生的試片現場，好緊張，但沒關係，一下子朋友就來了。（殊不知這朋友還慢悠悠在對捷運車廂挑三揀四的）

生活就是在這些「一下子」當中轉眼，發現時已經一輩子過去。大多數的人覺得溫水煮青蛙殘忍，但是，永遠對自己的水溫覺得還可以再撐個一下子。

沒有人應該堅強一輩子，所以請對每個決定堅強的「一下子」要有
感， 讀這本書，你會對每個做決定的瞬間，開始有感。

到達京站，我下車的時候是09:20。搭了電梯上到影城，09:25，還放
她去上廁所。09:50順利進場，10:00電影開演。坐了個好位，欣賞了
部好電影，謝謝艾莉堅強的那一下子，早早來排隊！

卸下不得不的堅強

／阿飛

「堅強」這個詞應該是一種讚美，可是當你聽到別人這樣形容自己時，大概也只能報以苦笑，心中難免會是五味雜陳，因為每個被稱讚堅強的人都明白，那都是自己不得不的選擇。

我所認識的艾莉，是個對於周遭的人很貼心、很溫暖的人。 她其實很清楚，我們一點都不想被別人稱讚自己堅強，真正需要的是有人能告訴自己別勉強，或許聽到時鼻子會酸酸的，可是心底一定會暖暖的。

你可以不必堅強一輩子，如同人生的協奏曲會需要適時出現休止符。艾莉的文字是一波又一波的暖流，然後在你心中變成一個又一個的音符，最後形成一首美妙的樂章。

把這本書放在身邊，讓艾莉幫我們慢慢卸下早已疲憊不堪的武裝吧！

11 + 11 = 堅強

從小到大寫過了多少次「堅強」這個名詞
你曾經算過它的筆畫。事？
堅 11畫.
強 11畫
1111 這四個數字組成了堅強.
1111 看起來很脆弱
1111 也感覺很孤立
就像堅強 這個詞

能脆弱時順勢讓自己找依靠
就可以在
該堅強時得以無所畏懼躍前進

我們都不是生來堅強
而是
在脆弱過後選擇了面對.

女莉♥

CONTENTS

目 錄

CONTENTS

目　錄

我們其實都可以在各自的生活裡，一個人精彩著。

但，因為你愛我、因為多了你看著我的眼神，我會更加耀眼。

這是我們的愛情，

1+1大於2的道理。

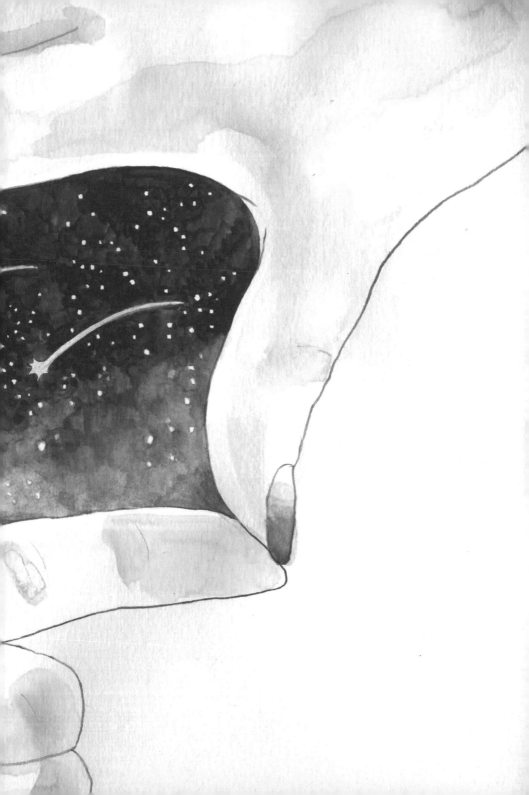

堅

You Don't Need To
Be Strong All The Time

強

01

一個人

一個人的日子過得再好，
都不代表放棄了愛情。

放不下，才是愛

> 擔心是愛情的基本配備，擔心是愛人的獨家特權，
> 就算知道你什麼都能自己處理得好，總還是找得到擔心你的理由。

幾個月前，妳認識了一個男人，在朋友看來他的條件非常的好。

他的年紀比妳大了兩歲是個白領菁英，外表帥氣體態維持得宜、工作能力強、收入穩定、個性溫和、待人有禮，沒有過婚姻紀錄，更重要的是沒有不良嗜好。

「在我們這樣的年紀還可以認識這樣的男人，簡直是奇蹟了！」

妳的死黨妮妮以一貫浮誇的語氣，評論著妳的好運。

雖然妮妮講的是事實，但「在我們這樣的年紀」這幾個字聽起來實在太過刺耳。妳自己也不是不知道年過35歲，身旁還出現這麼優質的對象，沒有人不羨慕妳的好運氣。

但，問題是這好像並不是妳想要的運氣。

跟他認識的一剛開始妳有點猶豫，是因為對在感情路上才剛剛跌了一大跤的妳來說，他有點太過完美而且太過積極。

他頻頻示好、就算前幾次都被婉拒絕也不氣餒地一再邀約，他也不玩曖昧遊戲，一開始就明白地說很欣賞妳，希望可以跟妳認真的交往。

「請以結婚前提跟我交往！」妮妮捏著嗓子努力睜大雙眼，用娃娃音邊說著邊促狹地看著妳。

「我要是妳呀～遇見了這樣的對象才不管什麼矜不矜持呢～我會在他第一次開口約我就答應，第三次約會結束前主動對他說出這句話！」

妮妮兩眼閃閃發光，繼續興奮地說。

「但，我總覺得太平靜了，跟他相處起來好平靜。」

平靜到自己不像是當事人倒像是個旁觀者，這段感情就好像照著別人
期待的劇本，一頁頁走下去。

進度是別人預期的、內容是別人預期的，妳覺得這段交往關係根本不
是自己的。

「都幾歲的人了，妳還期待遇見一個可以讓妳臉紅心跳的對象嗎？」

「不應該嗎？」

看著妮妮不可思議的表情，妳開始懷疑起自己的堅持。

雖然，心中有一種說不清楚的猶豫，但你們還是開始了規律的約會。

果不其然，在約會三個月後他說出了妮妮想說的台詞，並且在一個有
璀璨夜景的山上吻了妳。

當他慢慢向妳靠近時，妳還在意著他左手襯衫袖口有個沒有剪掉的線
頭，隨著風向飄來飄去的。

這個突如其來卻沒有驚喜感覺的吻，就跟他給妳的感覺一樣，平平淡
淡的。沒有意亂情迷的心跳加速，沒有摒住了呼吸的終於等到，只是
輕到像是一陣風拂過了妳的嘴唇，而妳的眼角還貪戀著遠方的夜景。

妳心想：「那是家的方向吧？」

時序進入夏季，因為一個企劃案的執行他突然變得忙碌異常，幾次約好的時間最後都取消了。

妳不但沒有不開心甚至還覺得鬆了一口氣，一個人回到家自由自在度過了下班的時間，遠比跟他共度的時光來得更讓自己期待。

就這樣過了一、兩個月，某天快接近下班的時間，突然接到他傳來的訊息堅持要見面。

「我在你們公司樓下等妳。」

簡訊的口氣有一種不容被拒絕的莽撞，妳有點好奇原本溫和的他為何變得如此強硬。

「想來是有重要的話要說吧～」妳試著這樣解釋他的轉變。

妳真的是個懂事的好女人，太會替人設身處地著想，也不知道到底算是個優點還是個缺點？

其實，說來也真是荒謬。這些沒有見面的時間裡，妳不但沒有特別想念他，你們更沒有密集地互傳訊息噓寒問暖，根本一點都不像是正在交往中的兩人。

這樣也好，既然他抽空了要約見面，妳剛好趁機在今天碰面時把這段關係說清楚，妳覺得你們真的不太適合。

他帶著妳來到河堤邊漫步遠離吵雜的人群，開口的第一句話讓妳有點疑惑：「我感覺妳是那種，自己一個人也可以生活得很好的人。」

妳偏過頭望著他，他看向遠方語氣相當平靜，沒有停下腳步的意思。

這不是讚美，至少不是女人想要的讚美。

「在我被工作纏身忙到無法見面的這些日子，妳完全沒有抱怨。對我來說雖然沒有壓力。但，我也發現妳真的好獨立、就算是只有一個人也可以過得很好。」

聽到他重複說著「一個人也可以過得很好」這句話，妳中心警鈴大作，這種語氣聽起來有點不妙。

「短期之內，我必須全副精神放在我的工作上，我想我們還是做朋友就好了。」

居然被一個自己打算甩掉的人先甩了，妳停下腳步瞪大了眼睛看著他，說不出話來。他看著妳的表情，以為妳很難過又繼續往下說。

「我知道我很過份，都提出了以結婚為前提交往的要求，現在又說要分手，但我想妳一個人也可以過得很好⋯⋯⋯⋯⋯⋯⋯⋯」

「一個人也可以過得很好。」

「一個人也可以過得很好。」

「一個人也可以過得很好。」

接下來，他還企圖解釋些什麼，配上他一臉的誠懇。但，妳已經聽不進去了，耳邊只是不停重複聽到「一個人也可以過得很好」這幾個字。

一個人也可以過得很好，是因為一直以來被迫學會要懂事、得自己想辦法把日子過下去。深怕若不把日子過好、事情不處理好，自己的事就會麻煩到別人。

而麻煩別人這件事一直是妳內心深處最大的恐懼。

妳永遠記得年幼的自己在開口要求幫忙時，他嫌惡的眼神。

妳無法忘記他在拋下這個家時，頭也不回的開心與灑脫。

所以，妳從很早很早就學會了，就算是一個人也要過得很好。

妳從一開始的不得已，到現在的享受不已。

妳太喜歡現在一個人也可以過得很好的自己，如果不是當年的那些刁難與嫌棄，恐怕現在的自己也沒辦法這樣過日子。

妳回過神來，看著眼前還在對妳解釋的男人，突然明白了妳想找的是個什麼樣的人。

那個人應該是：

就算知道了妳一個人也可以過得很好，他卻還是放不下妳。

就算明白妳見慣了風雨早學會面不改色，卻堅持為妳撐傘。

擔心是愛情的基本配備，擔心是愛人的獨家特權，就算知道你什麼都
能自己處理得好，總還是找得到擔心你的理由。
擔心你心太軟總是被稱兄道弟利用。
擔心妳總不運動年紀大了有天生病。
擔心你工作勤奮只會吃苦忘記吃飯。
擔心妳沒方向感卻還要自己去旅行。

而我也想要被你擔心，要你想起我時就不放心。
在你擔心著我的時候，我就霸佔了你所有思緒。
擔心不應該是一種要求，而是自然而然的放不下一個人。

如果，有男人對妳說：
我覺得妳是那種一個人也能過得很好的女人。
那麼，讓他離開吧～沒什麼好可惜的。
他這麼容易就對妳放心，根本不合邏輯。
愛一個人，本來就應該要放不下這個人。

會沒事的，
在不遠的將來

> 時間不見得會還給任何人公道。
> 時間只負責帶走傷痛，而我再也不怕傷不起。

那天，在下著大雨的街角，有個像你的背影走到了我面前。

他甚至還回頭看了我一眼，到現在我都還不能確定那個人是不是你。

他跟你一樣戴著帽子時喜歡把帽沿壓得低低的，身體會隨著耳機傳來的音樂輕輕擺動，跟你一樣不太介意旁人的眼光。

我差點就要開口喊你的名字，但最後還是忍住了。

因為我不知道，如果那個人真的是你，真的回過頭來看著我，第一句話，我該說什麼才好。

說你好嗎，似乎太矯情。

而說完之後，我更不知道還要再說些什麼了。

我們竟然已經來到了無話可說的狀態，曾經我們多麼無話不說、是怎麼說也說不膩的。

是時候了，我知道。

是該放手、放開你的時候了。

畢竟，我再也找不到任何的理由跟藉口來欺騙自己把你留住、留在自己心中。更何況，為你而流的淚也早就已經乾涸，現在的我不管怎樣都哭不出來了。

我當然希望你幸福，畢竟我們曾經是彼此最好的朋友。

但是，我也不免自私地希望，你的幸福一定要來得比我晚、就算我可以比你早一天找到下一個幸福都好。

想到這裡我忍不住笑了。我真的好自私。

我偶而還是會想起我們在一起的過去，日子一天天過著過著，牽著你的手走著走著，不知道從那一天開始我們之間就變了。
很多時候，人生的改變都是在不知不覺中發生的，而且往往不見得是我們想要的方向或方式。
像這樣的時候，以前的我常常會覺得無助、以為沒有人有能力阻止。
現在的我，好像有點懂了，當改變發生時我們可以做到的，就是盡力張大眼睛、好好地去面對。只要願意面對了，事情總是有辦法解決的，除非是該面對的人沒有心。
該發生的總是會來，就算逃過了今天，明天也還是等在那裡的。
今天逃避了以為輕鬆了，接下來每一步每一天都只會更加沈重。
我現在懂了、也學會了，這也算是因為你，我才學會的課題吧～

在各種不同的人際關係中，比較在乎的一方不見得可以得到更多的在乎。以前的我會覺得這樣並不公平，但是，現在的我也懂了一段關係中最需要的，往往並不是最公平的對待。
有人喜歡多被在乎一些、多被注意被關心；有人喜歡自己多在乎對方一些、多愛對方一些。

一段關係可以長長久久最需要的不是公平的對待，而是給對方想要的
被對待方式，也允許對方用他想要的方式來愛妳。

現在說起來好像很簡單、很容易懂，但，那時候的我卻苦惱了許久。
也許將來，當我回想起這一段曾經，會覺得自己放手得太早。
但我不會回頭，因為我清楚知道，
一直被過去綑綁住，就不會看見那個從未來走向自己的人。

未來某一天，當我回想起人生中快樂的記憶，肯定會有你的片段，只
是那時候可能已經記不起你的臉了。
這樣也好，就留下開心的記憶就好。
那天下著大雨的街頭，我根本看不清楚那個人的臉，就連他臉上的猶
豫也看得不是太清楚。
看得不清楚也沒什麼關係，只要我們以後再想起對方的時候，還是會
微笑就好了。

年輕時以為的愛情，到了長大了一點的現在看來，都只剩輕笑一聲
了。
曾經的心痛，還遠不如昨夜的牙疼來得讓人不安。
終於我懂了，在年紀又大了一點的現在，

看淡了，人生中曾經死去活來的愛情。
看淡了，工作中沒人可替代的重要性。
看淡了，限量、最後一件的虛華誘惑。
開始計較起──
怎麼把每個日子都過成自己真正想要的樣子。
怎麼把時間留給重要的人而不是去討人喜歡。
怎麼跟一個人笑著──細數柴米油鹽醬醋茶。
這些看來普通，卻分分秒秒都很重要的事情。

年輕時我們那段以為過不去的痛，
到現在都已經變成了好遙遠的過去。
曾經如何的痛徹心扉，現在都已經成為模模糊糊的曾經。

又下雨了，你知道我是不愛撐傘的人。
穿上我大大的黑色外套，拉上帽子大步向前走。
下次，當愛情再找上我的時候，我會準備好的。

關於後來，只留下了以為，以為應該是可以一起幸福的。
關於從前，只剩下了可惜，可惜了那真心相愛的兩個人。
至於現在，在這些以為跟可惜之間搞懂了好多好多課題。

於是，我帶著以為與可惜去到了沒有你的我的未來。

從前的事，我們一一道別。

關於你跟我之間，就別再多問是非了。

現在的我懂了，

就算是笑著也可能流淚，時間不見得會還給任何人公道。

時間只負責帶走傷痛，而我再也不怕傷不起。

聽艾莉說故事

憑什麼一個人過日子

自己從來沒有放棄過愛情，也沒放棄要有人陪、一起過日子，
妳只是需要等到那個人出現而已。

寒流來襲的這個夜晚，洗完澡後妳把自己包得暖暖地窩在舒服的沙發
上，百無聊賴地滑著臉書。

突然發現兩個小時前朋友刻意tag了妳，附上了一段單身女子如妳必看
的「一個人生活小技巧」影片。

影片的標題是這樣寫的：

「超實用的生活小秘訣！自己住的女生一定要知道～」

妳原本不是太在意，只是漫不經心地打開檔案，當看見了用玻璃瓶就
可以輕輕鬆鬆剝開蒜頭皮，影片裡神奇的效果讓妳躍躍欲試。

妳套上毛茸茸的拖鞋來到廚房，翻箱倒櫃找出玻璃罐跟蒜頭立刻開始
實驗。但，現實與想像中的距離就有如聖母峰跟陽明山的高低巨大落
差。不管妳怎麼拼命搖晃罐子，也沒辦法像影片中那樣地俐落。蒜頭
們像是不願被拆散的羅密歐與茱麗葉般堅定地緊緊相依，像是說好
了，就算天荒地老也要守在一起。

試著試著妳累了，連生氣的力氣都沒有，收拾好了廚房，意興闌珊交
互捏著痠痛的手臂，走回客廳。

妳再度把自己埋進了沙發裡，打算窩在上面好好看韓劇然後跟著痛哭
一場宣洩宣洩，遙控器卻在這個時候完全脫離控制。

妳最會的也只有換電池了，偏偏眼前的狀況卻不是換了電池就能搞定
這麼簡單。

妳根本不清楚，到底是哪裡出了問題。

都活到這個年紀了，妳怎麼還是會上當呢？

都活到這個年紀了，怎麼還是輕易相信了？

都活到這個年紀了，怎麼還過得這樣糊塗？

強大的無力感襲來讓妳忍不住放聲嚎啕大哭，

妳邊哭還邊打訊息給朋友：

「到底，我憑什麼一個人過日子？」

一個人過日子到底需要具備些什麼樣的條件？

經濟獨立足以養活自己是首要條件、有喜歡的休憩娛樂，空閒時才不會無聊、固定幾個聊得來的朋友可以偶爾聚聚，聊聊廢話也有益身心健康。喜歡獨處，不覺得一個人過日子是世界末日，而那些偶爾聚聚的朋友們，不會因為妳孤僻發作只想一個人而生氣。

你們每個人都是這樣的，自己一人時可以安靜一整天，一群人的時候則回到了年輕時的瘋癲。

歲月帶走了妳的愛情、膠原蛋白，沒有帶走的就是這些朋友。

妳以為自己早就對所有的可能做好準備。

因為一個人住，什麼狀況都可能發生，不但日常用品要有庫存，老了以後的退休金要靠自己儲存，醫療意外保險這些更不能少。

現實生活層面的準備夠充足了，心理上要忍受得了寂寞孤獨、更要能享受一個人過日子的悠閒自在。

以上這些算是基本款吧？

樣樣都具備的妳不服氣地想，這樣說來，自己可是進階版。

興致一來，還能下廚做出一桌好菜，洗衣打掃也不嫌煩。

這幾年，更從不得不習慣到完全享受了獨居的好，妳真心覺得自己簡直是單身極品。

那，這個晚上自己到底在難過些什麼？

妳是知道的，與其說是難過還不如說是難受。

妳向來看不慣那些動不動就示弱的女孩，一天到晚在臉書上向人求救生活大小瑣事。生個病也深怕別人不知道，迫不及待把打點滴、一臉病容的自拍PO出來。

誰不是帶著一些說不出的傷痛過著日子呢？

誰不是病了就自己一人孤伶伶去看醫生呢？

忍一忍不就過去了嗎？

忍一忍不就沒事了嗎？

讓妳難受的是，這個晚上的自己居然也跟她們沒什麼兩樣。

也不過就是蒜頭剝不開、遙控器壞了這樣的小事，就找人哭訴。

一個人生活這麼多年，兩隻貓陪著妳過著滿足幸福的小日子。

平時都挺好的還算得過去，但就偏偏有幾個夜晚會特別難熬。

像是，

幾百年沒消息的舊情人突然傳來了關心，

聽說了好友談了戀愛或決定結婚的喜訊，

那個讓妳看不順眼的人有了不錯的成就。

妳也不是不希望大家過得好，只是，可不可以不要比妳好？

特別是在，妳還沒有自己可以好好一個人過日子的把握前。

妳當然也知道擁有了愛情並不是就代表過得比較好，而人生也不應該總是活在跟別人較勁的角力擂臺上。

經歷過剛剛的大哭之後，妳認命地關上影片、把待修的遙控器放進包包，該處理的還是得靠自己面對。

單身的這些年妳很明白一件事：

嫁給王子不一定會幸福。

再說，

通常，女王是不會願意嫁給王子的。

有些人喜歡單身也適合單身，而關於自己妳倒是一直很清楚，不管活到了幾歲，心中始終是當年那個渴望愛情的女孩，這一點始終是不曾改變的。

如今，妳又更加清楚了，

自己從來沒有放棄過愛情，也沒放棄要有人陪、一起過日子，妳只是
需要等到那個人出現而已。

這些自己過日子的時間裡，

因為獨處得夠久讓妳有足夠的時間明白了——

那些曾經以為自己不可能再去愛誰的心碎，

那些曾經以為自己已經愛過最好了的絕望，

都在一個人過的日子裡被撫平、被理解了。

妳明白了自己在等的不是一個多好的人，

就算他再好也都只是他一個人的事。

妳終究在茫茫人海中遇見了他，你們兩個人決定在一起的這件事讓彼
此越來越好，再加上他對妳有夠好，這一切加總起來才真正算數。

這一切才值得了妳一個人過了這些日子，這一切才值得了妳等待這麼
久。

因為喜歡一個人，
所以自己一個人生活。
對妳來說，單身是選擇，
不是不得已的無奈，
更不是只好被迫接受的現況。

命中注定是可以造假的

> 很多時候，我們為了討好對方、為了讓對方注意到自己，
> 我們創造出跟他一樣的特質，
> 讓他以為自己就是他命中注定的那個人。

在電影《單身動物園（Lobster）》裡單身是犯法的，有伴的人可以在都市裡昂首闊步，只要落單就會被懷疑是單身，警察可以任意盤問你、可以因為懷疑你單身而拘捕你。

所有單身者，不管單身的理由是喪偶、離婚或失戀，都會被送進一個以度假村外表包裝成的監獄，你必須在45天內找到伴侶，不然就會被改造成動物，從今以後就以動物的模樣生活下去、度過餘生。

唯一值得慶幸的是，想變成什麼樣的動物你完全可以自由選擇。

覺得這個電影劇情設定得太荒謬嗎？回頭看看我們身處的世界吧。

雖然口頭上不說，這整個社會對單身都帶著同情意味濃厚的歧視。

每每到了年節時期，所有人被整個社會氛圍給默許，對單身的人執行如地獄輪迴般不停跳針的盤問：

「交男（女）朋友了沒？」

「不要這麼挑呀～要不要幫你介紹？」

「交往多久啦？什麼時候結婚啊？」

他們用力揮舞著關心的旗幟，好像這樣就可以不顧他人感受，不論多麼白目、多麼無禮、不顧及顏面的話都可以用力丟出來追問到底。

你以為有了交往對象壓力就會減輕、以為自己努力拼過了一個關卡就可輕鬆度日，但其實並沒有。

在扭曲價值觀的眾人眼裡，只有結了婚才代表你的未來是光明的、充滿希望的。只有結了婚才代表你選擇了正確的人生道路，值得眾人為你歡呼喝采。

不管你們在相處的日子裡發生過什麼，都不能鬆開對方的手。

在這樣的婚姻裡能不能相處得下去、是不是愛著對方都無所謂，重點是你不能落單、不能讓自己重回單身狀態。

在這樣的社會價值觀裡，結了婚就像是有了美國隊長盾牌原料製成的，宇宙無敵超強汎合金製防護罩，保護你遠離眾多歧視、同情的、批判的眼光。

更重要的是，保護你不至於變成眾人攻擊的目標、任人宰割。

年輕時的單身還可能被解讀成貪玩、不想定下來，旁人的提醒也都還只是輕聲細語般，帶著淺淺的笑說說就過了。他們說你兩句後繼續談笑風生，輕鬆轉往下一個話題。

一旦跨過了30歲這個關卡，眾人的關心、長輩的怨念會潛伏在你生活中每個可能的角落。在你最不堪一擊時，毫無預警轟地一聲引爆，炸你個措手不及。

對他們來說，你就是不正常，是異類，跟大家不同。

或者應該說，是跟他們不同類。

不知道你到底是哪裡有問題，他們看著你的眼神總有著好奇的猜想。

應該是太難搞了吧，更可能是不敢出櫃的同性戀。

你從小便按部就班，聽大人的話好好唸書、乖乖考上好學校也好好拿到了學位。

找到了一份還不錯的工作足以養活自己跟孝敬長輩，從來沒想過會因為單身，莫名奇妙地跟其他人劃分開來，莫名奇妙地被按上了罪名。

單身，成了你的不正常現象。

單身，是你難辭其咎的罪。

這個罪推翻了你從小到大的所有努力。

過去的品學兼優、待人有禮、再如何地溫良恭儉讓通通不算數，只有義無反顧地踏上結婚這條路才能讓你贖罪。

因為單身這個罪，就算你選擇當個善良的人、不加害他人、拼命讓自己出人頭地，卻因為單身，你成了不被任何地方需要的人。

到底，對這個社會來說，有罪的是單身這件事，還是單身的這個人？

這個問題在前述電影裡有了清楚的答案：

有罪的是「單身」這件事，只要擺脫了單身，整個社會體制就會毫不保留地接納你。在這樣病態的大環境壓迫下，就算並不是真正喜歡對方，為了擺脫單身總是有人會願意假裝兩情相悅地在一起。

只是，就算要假裝兩情相悅，也總要先找到一個理由來說服自己。

為什麼要選擇與這個人過一輩子？

一對伴侶之所以當初會走在一起最常見的理由是──

因為有太多的共同點，於是我們相愛了。

但在這部電影裡，因為共同點而相愛的這件事被無情地嘲笑了。

因為共同點而配對成功的伴侶，不管是因為動不動就流鼻血，或者同樣是個冷酷無情的人類，為了能不落單、不被變成動物，只要願意勉強自己迎合對方就可以配對成功。

原本不具備這項特質的另一個人為了達到配對目的，

於是選擇了假裝。

當你為電影裡愚蠢的共同點而發笑時，難道沒想到自己跟電影裡的主角其實沒什麼兩樣嗎？

我們總以為跟自己擁有某個共同點的人，就會是命中注定的那個人。

都喜歡看電影、運動、閱讀、旅行、看展覽，於是有了聊不完的話題。但其實，喜歡同一個創作歌手、看過同一本小說，這樣讓人驚喜的、以為對方簡直是另一個自己的共同點，都是可以造假的。

很多時候，我們為了討好對方、為了讓對方注意到自己，我們創造出跟他一樣的特質，讓他以為自己就是他命中注定的那個人。

當交往得再深入一些，甚至可能會要求對方配合自己去「創造」出兩人的共同點，就好像共同點夠多就可以保障你們的愛情夠長久。

有天，當共同點消失了，你們的愛情難道也要跟著不見嗎？

如果是，你喜歡的到底是這個人，還是投射在他身上的自己？

一旦共同點消失，你的愛情也跟著無影無蹤，那麼，讓你深愛著的其實只是那些共同點，而不是對方之所以成為他的所有人格特質。

抽掉了這些附帶的條件、附帶的共同點，你還會義無反顧地愛著對方就像愛自己一樣嗎？

如果你回答不出來，那麼，也許可以問問自己：

「如果是你，最後到底會不會刺瞎自己？」

單身是選擇

> 學會一個人過日子，才能好好期待遇見另一個人，
> 一起好好過一輩子。然後，在他面前可以心安理得地
> 成為自己、展現自己最原本的樣貌。

因為喜歡一個人，所以自己一個人生活。

對妳來說，單身是選擇，不是不得已的無奈，更不是只好被迫接受的現況。

難道不會寂寞嗎？

一個人回到空空蕩蕩的家，難道心不會也空空蕩蕩的？家不是就應該熱熱鬧鬧地，有人歡迎著妳回來或擔心著妳怎麼還沒回來？

其他人的以為，對妳來說卻不是這樣的。

對妳來說，家是舒舒服服的空間，大多數的時間應該是安靜的、大多數時候妳是不歡迎賓客的，妳就是這樣孤僻的傢伙。

家對妳來說，是可以真正放鬆、最做自己的地方。

家是專屬於妳的空間，除非是可以同樣讓妳放鬆的人，不然妳不想破壞這樣的舒適。獨自擁有這樣珍貴的空間，怎麼可能會覺得寂寞？

妳並不是生來就選擇了單身，是這些年一個一個的選擇，在不知不覺中帶著自己走到了這條路上。

才十幾歲時的妳連自己的模樣都還不太明白，總是輕易隨著身旁人的要求改變，賣力迎合著別人的希望直到累翻了自己，才發現一切太不值得。

妳當然談過戀愛而且還不只一次，妳試過的次數根本超乎旁人的以為。妳不懂，只是想跟另一個人好好的一起生活，為什麼到頭來卻搞到兩人都筋疲力盡？沒有人可以全身而退？

分明是兩個好人，為什麼卻沒有談成一場夠好的戀愛？

這樣的事情一度讓妳很困擾。

有一陣子妳迷失了方向，不懂得在愛情中要多努力、愛得多深刻，才能夠換到一輩子都有人陪？

愛情這件事對妳來說，就像是被哈利波特的巫師朋友們下了魔咒的縮小鑰匙（Shrinking key），據說這樣的鑰匙會因為被施展了魔法，慢慢地縮小直到完全消失不見。

愛情就跟被下了魔咒的鑰匙一樣，無聲無息消失了，妳翻來覆去地找、妳問過了幾萬次的為什麼？

毫無蹤影、沒有答案。

妳甚至不知道自己到底少做、多做，或做錯了些什麼？

怎麼一段感情可以這樣說不見就不見了？

在妳還不曾擁有過的時候，並不明白孤單是什麼樣的感受。

當兩個人在一起卻再次落單了以後，妳才有了深切的體認。

每當假日到來，最難熬的是傍晚時分，

五點多開始，社區內就會此起彼落傳來準備料理的聲響；

接著過沒多久，家家戶戶就飄出了飯菜香。

每到那個時候，妳會想像著別人家餐桌上溫馨豐盛的畫面，而妳卻連出門買碗泡麵都懶得動。

就在妳以為落單已經夠難受了，接下來的愛情卻又扎扎實實幫妳上了一課。

妳原本以為，

生命中出現那個人可以帶走妳的孤單，

卻沒想到，

兩個人在一起之後的孤獨才讓人更加難以忍受。

原來更讓人無助的是，在一起卻依舊感到孤獨，這遠比一個人的孤單更難直視、更加尷尬。

經歷過這之後，妳又多明白了一些，

原來跟誰在一起並非孤單的解藥，好好學會跟自己相處才是。

現在的妳，一個人住在十五層雙拼的大樓裡，出入時間很固定，不太常碰見鄰居。

一個人生活當然還是會有不方便的時候，

所以妳學會了一些生活技能。

像是，沒有如果忘了帶鑰匙，可以求救的同居對象；所以，妳放了備份鑰匙在公司抽屜裡以防萬一。

像是，儲藏櫃裡塞滿了各類生活雜物的備份；因而養成了注意大賣場特價的消息。宅配收東西，妳有巷口的小7跟一樓的管理員。

唯一比較困擾妳的是下廚時的份量，常常一樣的料理得吃上好幾天才能消耗完畢。

一個人的生活最不願意面對突然其來的考驗，像是：

小強出現在牆角、死命扭不開的罐頭、高到踩了椅子還是搆不到的燈泡，以及準備就寢前突然冒出來的鬼怪念頭，嚇到自己整晚不停胡思亂想睡不安寧。

妳更常會在快要睡著之前，突然想起要檢查陽台、大門到底鎖緊了沒有。一個人生活養成了妳超強的警戒心，強到妳總笑著說自己像是患了強迫症。

後來的這些年，妳已經太懂得安排生活，早淡忘了十幾歲時自己最害怕的寂寞。

別人眼中、以為妳應該會有的寂寞時刻，對妳來說，那是專屬於自己的寶貴時間，幸福、享受的不得了，根本不會覺得寂寞。

再說，在城市裡生活的每個人不都是這樣過著日子嗎？

每天上班下班都塞著耳機，只存在於自己的世界裡，拒絕搞懂外面真實的世界正在發生些什麼事。

自以為明白的世界都是透過掌上、那手機的小小螢幕。

更別說，還有更多的人連在工作時也都是一個人。

習慣了這樣生活的方式，自然能夠享受自己一人，而無所謂寂寞不寂寞了。

單身是選擇，妳選擇活在自己的世界裡不去麻煩別人、不去傷害別人。當然，以自私一點的角度來說，其實妳也避免了不被別人麻煩、不被別人傷害。

別人眼中的孤獨，卻是妳自由自在活著的證據。

妳很珍惜這樣的孤獨，對於一個人的家，妳是很要求的。

從家具的採買、擺設的方式，小至一定要用黃色光源的燈泡。

對妳來說，黃光散發出的是一種溫暖氛圍，當妳發現有人用白色燈泡時，總會覺得很不可思議，心裡更會暗自替對方定奪：

這個家一點也不溫暖。

通常聊到這裡，就會看見對方忍不住皺起來的眉心。

「又是一個嫌我麻煩的人。」

妳心想。

妳其實很明白，自己之所以一直單身，坦白來說就是難搞。

妳沒辦法忍受另一個人肆無忌憚地侵入妳的領域，還總是說著為了妳好的種種要求。

也許，有一天會遇見那個可以讓妳願意不再單身的人，妳倒也不排斥。

也許，這個人會比妳還要難搞，對生活要求更多。

也可能，就是一個沒什麼堅持的人，任憑妳作主。

只是，在那之前，妳只想要好好享受自己的單身生活。

學會一個人過日子，才能好好期待遇見另一個人，

一起好好過一輩子。

然後，在他面前可以心安理得地成為自己、展現自己最原本的樣貌。

單身是選擇，而妳的選擇不需要別人批准跟喜歡。

與其在乎如何得到別人的喜歡，

不如，

讓自己打從心裡真的喜歡自己，這還比較重要。

三高女的不安與焦慮

> 年紀變大的難相處是因為明白了，不必總是去迎合他人，
> 過好自己的日子更重要。

妳今天聽說了一個新鮮名詞：「三高女」。

所謂的「三高女」是指收入高、顏值高、年齡也高的女人。

跟妳解釋「三高女」這個名詞的人似笑非笑地看著妳，看著他不懷好意的笑容，唰地一瞬間，妳的臉不爭氣地漲紅了。

即使這幾年已經練就了面對任何場面也不會緊張的從容，卻還是不習慣在不怎麼熟悉的人面前如此被調侃。

「就算我是三高女那又怎樣？」

妳慢條斯理地發問，用低沈的嗓音武裝起自己，不讓人發現自己的慌張。

「妳可別誤會，三高女並不是個稱讚人的詞。就是因為妳的條件太好了，讓人高攀不起才會單身這麼久。

說穿了，像妳這樣的三高女是單身人肉市場裡的弱者，看起來形勢最強生存力卻最弱，戀愛的機率也最低。」

男人毫不留情，一語道破妳的窘境，妳拿起酒杯躲避他的視線。

妳突然覺得好累，今晚的自己戰鬥力欠佳。

妳好想立刻離開這個乏味的聚會場合，回家脫掉合身到連呼吸都要小心翼翼的套裝、踢掉腳上痛到可以殺死人的高跟鞋。

其實，自己單身了不長不短、也不過就是五年的時間。

而五年前剛跟前男友分手時，自己受歡迎的程度可不是像現在這樣的。那時還是有很多人約妳，每天有推也不推完的邀約，妳在單身人肉市場炙手可熱，這樣熱絡的程度，對於修補妳被分手的傷痛起了不小的作用。

五年前的妳依然信心滿滿，打算昂首闊步繼續在尋找真愛的道路上勇往直前。

為了讓自己開心，總不忘記美艷動人的出門，妳開朗地面對34歲之後的失戀，不把它當作人生的大挫敗。

不知道從什麼時候開始，這些邀約突然銷聲匿跡，現在的妳變得乏人問津。

為什麼會變成現在這個樣子？

妳被身邊關心的朋友們嘮叨了不只一百遍，不夠積極、約會時不夠熱情。妳不明白的是，難道把自己推銷出去，有比找個真心喜歡的人來得重要嗎？

既然約會時已經覺得無趣了，當然不必進一步交往，或是逼自己堆滿笑臉去討好對方吧？

「那是因為當初的妳還不夠絕望！」眼前的男人還在大放厥詞。

妳心裡只想著：「是不是應該把杯子裡的紅酒潑到他臉上，他討人厭的嘴臉才會停住？」

「因為妳經濟獨立自給自足，工作環境舒適安定，不必看客戶臉色。
生活不必求人的妳，久而久之形成一股強大的氣場，男人自然就被這
樣的氣場給逼退了。」
聽他這樣說，妳努力回想著五年前那些曾經熱情的臉孔，卻一個個都
模糊到連名字都不記得了。

戀愛這件事對現在的妳來說，就像是減肥。
永遠都有比它該優先處理的事，所以明天再開始也不遲。
單身的狀態如此舒服迷人，若沒有出現一個夠好的人，妳又何必為了
他而放棄？
如果要偽裝自己才能留住一個人在身邊，又能留住多久？
再說，
沒有辦法跟真正的妳相處，又怎麼會是可以走上一輩子的人呢？
一個人的日子過得再好，都不代表放棄了愛情。
妳經濟獨立自給自足，可以擁有自己想要的生活品質，過好一個人的
日子。
工作環境舒適安定，不必看客戶臉色，才形成了妳這些年來的從容。
因為妳身邊這股強大氣場而退縮的人，本來就不會是讓妳願意牽起手
的對象。
聽妳說了這麼一長串論點，男人眼中閃著笑意。

但妳沒說出口的是，就算是這樣，在妳心裡還是有一股擺脫不了的焦慮，時不時迸出來擾亂妳的安定。

有些事只能放在心底偷偷地不安，

隨著年紀變大，自己似乎越來越難相處了，

說好要昂首闊步前進的勇氣全押在工作上了，

不再相信聖誕老人，是不是也代表愛情跟自己絕緣了？

回到家卸了妝，妳看著鏡子裡的自己脆弱又迷惘。

其實，這些偷偷的不安，是再正常不過的焦慮。

年紀變大的難相處是因為明白了，

不必總是去迎合他人，過好自己的日子更重要。

勇氣全押在工作上，是因為那是唯一不會讓妳失望、能有收穫的選項。

妳其實願意在一個男人面前脆弱，只是他能不能承受得了？

妳其實願意好好依賴著一個男人，只是他能不能扛得起來？

這股焦慮的存在對妳來說是好的，這表示妳還沒有放棄愛情，表示當愛情來到時，妳願意用從過去的傷心裡學會的那些，再好好去愛下一個人。

聖誕老人、愛情的出現，常常是在一眨眼，或是某個回眸，停在轉
角，或是早已經靜靜等在牆邊。
很多事物不是不存在，是妳還沒有留意到而已。

跟櫻花的約定

都說了機會是留給準備好的人，就算是愛情這樣的事，也是得先把自己準備好的吧？

第一次來到櫻花樹下親眼看見櫻花，已經過了它該盛開的季節，光禿禿的樹枝垂下來望著孤伶伶的自己。

那時的AKI伸出手輕輕觸碰著櫻花剛掉光的枝頭，仰著頭在心中暗暗跟櫻花許下了約定：

下一次，當櫻花正美時，我一定要牽著另一個人的手，一起站在櫻花樹下。

立下這個約定的時候，她甚至連個可以曖昧的對象都沒有。

不知道是哪裡來的自信？

還去不了櫻花樹下的那些日子裡，她先學著好好整理自己、也決定了要照顧好自己。都說了機會是留給準備好的人，就算是愛情這樣的事，也是得先把自己準備好的吧？

她想辦法找事做，不管是看書、看電影、聽音樂，把一個人的日子安排得極好。

單身的日子裡當然少不了朋友的陪伴，只是太常發生想做的事總是約不到人陪，久而久之，也就習慣了一個人行動。

一個人行動不是為了挑釁什麼，也不是要刻意表現自己的獨特。

既然一個人是自己如今的現況，就學著接受並且過得怡然自得。

她希望自己在這次單身時，學會「**習慣一個人**」這樣的課題。

單身時有單身的課題，就像兩個人時也有許多兩個人的課題一樣，在什麼狀態、遇到什麼課題就面對、接受並且想辦法學會，

另外，為了提醒自己跟櫻花的約定，她讓生活裡不時散發著櫻花香。十來坪大小的套房裡香氛機常送出陣陣櫻花香，當然也會在自己的身上噴一點櫻花香水。

但，要找到能讓她滿意的櫻花香並不是件太容易的事。她無法接受太刻意的香味，因為個性有點MAN，太過女人的味道她不能接受，要能讓她喜歡上的，最好是比較中性的木質跟麝香混雜其中。

也不是挑剔。她真的覺得自己這樣不是挑剔。

她只是很清楚明白自己要的是什麼，就像太刻意接近的愛情也容易讓她退避三舍。

越來越清楚自己想要什麼跟不要什麼，是在這次的單身裡，面臨太多需要自己做選擇的狀況，才讓她更加瞭解自己。

她很滿意這樣的發現，沒有辜負了自己這次的單身。

就這樣幾個月過去，在固定相約打球的社團裡，新來了一個有點臭屁的男孩。原本以為是個嚴肅的傢伙，笑開來時，卻像暖暖的陽光般親切。

第一次碰面就讓她想起初戀的那個他。

她的初戀來不及開始就短命的結束，兩個人誰也沒有比誰多勇敢一些，都只能遠遠的偷看、遠遠的在意著對方。

但她始終記得他笑起來的樣子，再壞的天氣也會突然明亮了起來、再壞的心情也都敗給了他微笑的雙眼。

跟男孩頻繁接觸之後，兩人的距離越拉越近。

冬天遠離、春暖花開之際，社團的大家約好了一起去野餐賞花。

要出發的日子天氣晴朗，揮別前一陣子的寒流，三月的溫度已經回暖。一群人一大早浩浩蕩蕩出發，久違的小學生遠足般的心情讓大家都很亢奮，她正好搭上男孩的車，車上四個人說說笑笑的很快到了目的地。

先抵達的球友已經鋪好野餐墊，擺好可口的餐點等待著大家，他們就這樣在櫻花樹下熱熱鬧鬧地待了一整個上午。

把東西收拾好後，大家決定要在這個園區到處走走逛逛。

十幾個人本來走在一起的，卻又因為各自的速度跟想去的方向不同，隊伍越拉越長。

喜歡攝影的她，光專注著拍照卻沒發現自己離大家越來越遠。

當她回過神來，已經看不見任何一張熟悉的臉孔。

她站在原地向遠處張望著，外表若無其事的她其實有點心慌。

就在這時候，一張笑臉閃到她眼前。是他。

看著他帶著笑意的雙眼，一股強烈的安全感包圍住自己。

在那一刻她突然明白，自己原來這麼依賴他。

「其他人在前面休息，我來找妳。」他解釋著。

「人這麼多，你怎麼找得到我？」她問。

「循著妳的味道，我不會找不到呀～妳身上總是有淡淡的花香……」

他假裝朝著空氣不停聞著。

「是櫻花。」她忍不住糾正。

喔了一聲，男孩露出恍然大悟的表情，接著說：

「除了這個………」

男孩往前跨了一步突然靠近她，作勢聞著她身上的味道。

「嗯～妳身上還有逞強的男孩子氣、愛作弄人的孩子氣…………」

接著，他頑皮的眼神突然轉為溫柔。

「還有，總是讓人放心不下的傻氣，才會不小心一個人跑這麼遠。」

AKI原本以為自己是在找像初戀那個男孩愛笑的眼神，現在她才懂

了，原來自己要的是，被那樣的眼神專注地注視著、被不放心的牽掛

著。

「妳看！」她只能呆呆站在原地看著男孩。

順著他指的方向望去，映入眼裡的是一株滿開的吉野櫻。

男孩牽起她的手說：

「不能再讓妳走散了～我帶妳去找大家。」

感覺到她冰涼的手，男孩回想起剛剛在人群中看見茫然失措的她，忍不住再把她的手牽得更緊。

感受到男孩手心傳來的暖意，AKI回想起了自己跟櫻花的約定：

下一次，當櫻花正美時，我一定要牽著另一個人的手，一起站在櫻花樹下。

要找到能讓她滿意的櫻花香並不是件太容易的事。

也不是挑剔。

她真的覺得自己這樣不是挑剔。

她只是很清楚明白自己要的是什麼，

就像太刻意接近的愛情也容易讓她退避三舍。

堅

You Don't Need To
Be Strong All The Time

強

02

課題

難搞，不過就是堅持原則。
我們可以獨善自身但不得罪人，
不見得就要暗自隱忍總是被人得罪。

不完美，就是妳最美的模樣

> 我們習以為常地將自己的不完美無限擴大，
> 卻不知道在別人眼中的我們，遠比自己想像中的還要美麗。

妳計算過自己一天照幾次鏡子嗎？

曾經，我不是個喜歡照鏡子的人，每星期照鏡子的次數屈指可數。
「照鏡子」這件事對我來說，是每天必須要做的一件事，意義等同於
起床一定要刷牙洗臉這樣的例行公事。
但是，當我看向鏡子時並非直視自己雙眼，只是整理頭髮、檢查自己
儀表有沒有不適當到足以毀壞城市景觀的地方。
照鏡子時的我沒有真正的看見自己，甚至有點迴避仔細地端詳自己。
鏡子的存在對我而言，功能性凌駕於一切之上。
因為，我無法對從鏡子反射出來的影像衷心地讚美，
因為，鏡子反射出來的，不是我想像中自己應該要有的樣子。
因為，我沒辦法面對自己的不完美。

總覺得眼睛應該再大一點，臉型要再尖一點，如果可以的話，笑起來
的時候最好不要有眼角的魚尾紋。
有時候我難免會想，如果可以長成自己應該要有的樣子，會不會更幸
福、會不會更接近自己想要的人生？

我們習以為常地將自己的不完美無限擴大，卻不知道在別人眼中的我
們，遠比自己想像中的還要美麗。

也是因為這樣的心態，我們常常無法坦然地接受別人的讚美，但其實我們比自己想像中美麗，也應該要比現在更加的快樂。

我們總是在意著自己的外表，卻忘了我們之所以會喜歡一個人、願意接近一個人，我們記得的一個人的好常常是因為那個人的性格和行為。

我們不會因為那個人長得很帥或是有六塊肌，接近他而成為朋友。也不會因為喜歡她的外貌或那雙長腿，而和她成為閨蜜。

我們該有的樣子不光只是外表的美麗。

美麗的外表固然可以吸引對方接近，

卻沒辦法把人留下、留在自己身邊。

當聊起一個人時，我們會說他好會照顧人、善良體貼，這些人格特質讓我們願意留在他身邊。而願意繼續相處的原因，也來自於他的個性、談吐、待人處事的態度、工作上的表現，甚至是與他往來的朋友。

這些林林總總加起來，才是完整呈現一個人的樣子，才是應該要影響一個人開不開心、幸不幸福的原因，而不光只是外表的美麗與否。

年輕時的我們，總是急著修正自己變成別人眼中能被接受的樣子，於是台北東區的女孩都長成一個模樣，她們用同一種裝扮方式，遮掩了

對自己不滿意的地方，只求勉強攀上大家滿意的統一標準。

然而，真正的快樂不應該來自於別人的肯定與評分，真正的快樂是來自於我們完全接受了自己，那時候的妳才能夠打從心裡快樂起來。

找回自己心裡那個開心的孩子吧。

找回那個只要一個單純原因就能開心起來的自己。

回到那個可以打從心裡快樂起來的時候，妳才能夠再一次暢快大笑、才能再次享受快樂、無拘無束活出自己。

當我們願意表現出最真實的自己，表現出最原始、自然的樣子，

那也是我們最美的模樣。

那是我們最值得被記住的模樣，那是最讓自己舒服的狀態，那是我們完全接受了自己的不完美而表現出的最自然、最自我的模樣。

我們終其一生都在追求一個「讓別人滿意的樣子」。

但所謂的「別人」背後的沈重壓力往往來自於我們自己，其實對自己最不滿意的就是我們自己，就是這些種種對自己的不滿意而讓我們快樂不起來。

因為對自己的不滿意，在心中描繪出來自己的容貌，甚至會遠比真實的狀況還要來得糟糕。

我們對自己總是太不寬容。
之所以不快樂、不敢直視鏡子裡的自己，
都是因為還不夠真正瞭解自己。

當妳真正瞭解了自己，就能夠完全接受自己該有樣子。
接受不完美的自己，就是妳最美的模樣，因為打從心裡的快樂才是散
發妳獨一無二魅力最好的時候。

回到那個可以打從心裡快樂起來的時候，妳才能夠再一次暢快大笑、

才能再次享受快樂、無拘無束活出自己。

當我們願意表現出最真實的自己，表現出最原始、自然的樣子，

那也是我們最美的模樣。

I Was Wrong About You

> 之所以沒有看見終點，沒有得到答案，
> 是因為你心有未甘，是因為你還沒有看開。

觀看電影或閱讀書籍能觸動我們情緒的劇情，往往都是因為連結到私人的情感經歷。

有時候是一個畫面、一個動作，甚至只是短短的一句話。

前兩天，我陪著朋友Tommy去看了一部熱血沸騰的勵志電影《飛躍奇蹟（Eddie the Eagle）》，電影講的是英國跳台滑雪選手Eddie Edwards的真實故事。

他沒有長期接受專業訓練，沒有獲得任何贊助金援，即使不斷被英國奧運委員會刁難，最後還是完成了自己前進奧運的夢想，也寫下英國的滑雪奧運紀錄。雖然他根本沒有拿下任何獎牌，卻留下了始終相信自己可以做到的精神。

在電影即將收尾前不到一分鐘的時候，因為一句話而使得Tommy突然放聲大哭。

當休傑克曼這個虛構的角色——Eddie的魔鬼教練——聽見當年自己的教練說出：

「I Was Wrong About You.（我錯怪你了。）」

多重複雜的情緒瞬間一股腦湧現，逼出了她的淚水。

我沒有細問到底發生了什麼事，只是握住了她的手，靜靜陪著。

有時候，我們就算被誤解了也不見得會去多做解釋。

之所以選擇沈默，可能是原本個性上就不喜歡與人爭辯，或是因為知道對方已經懷有成見，不管自己說得再多，都是白費唇舌。

於是，我們放棄為自己辯解，選擇背負譴責、扛下了莫須有的罪名。

事情發生後，日子還是要繼續，一年又接著過了一年，我們以為自己已經釋懷、不再在意這件陳年往事。

我們以為自己長得夠大、學會看淡世事，以為自己的心已經夠強大、不再會輕易被傷害、被打敗。

當事實為我們做了辯解，

當對方終於放下了成見，

說出了：「I Was Wrong About You.（我錯怪你了。）」

這樣簡單一句話就能讓你哭得像個小孩，那些止不住的淚連自己都驚訝不已。

當下你所宣洩出的淚，是這麼些年來的委屈，更是一種終於被理解了的辛酸。

那時你才知道，當年的這件事被自己偷偷在心裡挖了個洞，把傷痛埋得很深。

當誤會形成的一開始，大多人總會急著要去解釋。

幸運的，可以在努力過後解開心結，但是更多的狀況是最後變成兩個心裡的結，各自依附在彼此心中。

當心結形成，我們會選擇逃避，

啟動自我保護意識，不會願意再去面對。

我們學會假裝沒事地度過每一天，

甚至沒有辦法對任何人提起這件往事。

一直要等到很多很多年之後，也許是在一個歡樂的聚餐場合，突然聊到類似的話題，你看似平靜、不帶太多情緒的，突然把前因後果說了出來。再次提起來的時候，已經不會再感覺到刺痛，也不會再無奈地嘆氣了。

傾吐的過程就是一種療傷，表示你開始願意去面對、願意開始去主動提到曾經發生了什麼事，也就代表你願意讓這個傷痛止血，讓這個情緒解開。

只是，第一次提到的時候，情緒總難免還是糾結。在學著說出的過程中，你慢慢被瞭解，不管是忿忿不平甚至疑惑、難過、心痛都會被聽見。

如果是與原本的當事人面對面解開心結，當然是最好。就算不是，讓真正關心自己的人明白，發生在你身上的曾經也是一種解藥。

解開你這些年積鬱的情緒，讓懂你的人更加明白你。

當你願意讓另一個人走入生命，瞭解你的傷痛，這對自己來說也是一種成長。

電影《金盞花大酒店（The Best Exotic Marigold Hotel）》裡有這麼一段話：

「Everything will be all right in the end. So，if it's not all right then it's not yet the end.」

（所有的事情到最後都會皆大歡喜、圓滿結束，如果沒有，那就代表這件事還未結束。）

因為還在過程中，所以看不見終點、還沒有得到自己的答案。

之所以沒有看見終點，沒有得到答案，是因為你心有未甘，是因為你還沒有看開。

當你看開了，很多事情便放下了，心態轉變，眼界自開。

從前看不透的，現在都看透了。

從前放不下的，現在都放下了。

漫漫人生長路要遇見多少人、要發生多少事，我們無從預料。

每個出現的人都帶著各自的課題來檢驗我們。

每件發生的事都暗藏道理要來教會我們長大。

很多時候我們自以為的成就，都來自於別人的成全。

別以為貴人的幫助才算數，小人助力的勁道豈止加乘十倍。

有時候一扇門關上了，其他的門窗也跟著緊閉，

並不是要把你逼到絕境。

只是要你學會，

轉個身往後看過去，另一個大大的出口正在身後對你招手。

人生最倒楣的那一天

> 你或許還沒弄懂一件事，
> 生命中發生的事不管多麼細微，都是來成就你的。

你記得自己人生最倒楣的那一天嗎？

你曾經以為是買了霜淇淋，還來不及吃就掉到地面的那一天。

你曾經以為是談了一場根本沒牽過手的戀愛就分手的那一天。

你曾經以為是聯考放榜後，發現自己離不開這小鎮的那一天。

你曾經以為是尾牙那一晚，十萬現金大獎跟你擦肩的那一天。

人生最倒楣的那一天不停地更換，當我們經歷過越多、就會發現自己越來越不容易害怕、越來越不容易被打敗、也會終於懂得其實自己到底有多麼幸運。

只是，人性對未知除了好奇與期待更帶著恐懼，於是，當人生的新課題來到時，我們還是容易心生畏懼。

像這樣對未來的恐懼往往來自於自己的想像，這樣的想像來自未知，第一個直覺反應當然是沒把握。

我們習慣把未來想得太難，總以為那個時候的自己還不能夠把事情做到最對的地步。

但，信心就是從當初沒把握的自己、當初還軟弱的自己，咬著牙願意去嘗試而建立起來的，當人生有足夠的歷練就可以激勵自己不要逃避、勇敢正視問題。

足夠的歷練來自於人生接連不斷的課題。

你當然會排斥課題，沒有人不想舒舒服服過日子就好，為什麼不當學生之後要解的課題還是這麼多？

我們都產生過這樣的疑問與抗拒的情緒。

任誰都有發懶的時候，想要放自己一馬，不要再那麼辛苦。

但，很多事情是避免不了的，課題來到面前也許可以當下不理會，可終究還是要面對跟解決。

否則，你的人生就會停在這個關卡，動彈不得。

再說，你其實也都明白，人生的考驗與課題並不是常態，我們都沒有自己想像中那麼倒楣與命苦。

我們只是習慣放大自己的辛苦、需要被誰疼惜著，要你別再那麼拼命，那麼，你就會心甘情願地再去拼上一場。

然後在下一個課題來臨前，讓自己先舒舒服服地過個幾年的好日子。

只是，在剛開始學著要自己去處理很多事情時，我們會需要一些堅定的答案、有把握的眼神來鼓勵自己。

不只害怕出錯、更總是害怕受傷的我們，每一次都在摸索、跌跌撞撞裡嘗試著。

愛情裡讓人害怕的是——

因為我們不確定眼前的這個人，
是不是真的會好好專心無猜地談場戀愛。
因為我們不知道眼前的這個人，
是不是有傷了人卻又讓人離不開的本事。
因為我們很害怕眼前的這個人，
會跟另一個他一樣愛了三個月突然不見。
因為我們會懷疑眼前的這個人，
怎麼可能喜歡平凡無奇不夠可愛的自己。

人生裡讓人害怕的是──
因為我們不知道面對選擇，
自己決定的方向會不會帶著自己去到最對的未來。
因為我們不知道面對困境，
到底要落下多少淚挨住多少痛自己才能挺得過去。
因為我們不知道面對疲累，
到底可不可以大聲求救，是不是有人會願意幫忙。
因為我們更沒有把握低潮會困住我們多久，
再不甘心地努力會不會真的有用。

你或許還沒弄懂一件事，
生命中發生的事不管多麼細微，都是來成就你的。

不負責任的家人，
和你翻臉的友人，
帶淚離去的戀人，
不被理解的苦痛，
沒人傾訴的無奈，
不得不然的堅強。
是這些事情的發生讓你一件件、慢慢地，學會了長大。
你從一開始的惶惶不安，然後在某個時刻學會了從容。

現在的你還學會了自嘲，學會壓力不往心上擺。
因為你明白了，
再窘迫的難關沒有跨不過去的，
再苦痛的當下沒有不會過去的。

於是到了這一天，你會衷心感謝生命中曾經出現的課題，你會真正明
白經歷過這些的自己是有多麼幸運。

不要拿別人的錯誤來懲罰自己

> 你以為只是幫他這一次根本無傷大雅，
> 下一次的他會懂得不應該這樣做。
> 問題是，當你接收得如此心甘情願，
> 他怎麼會知道自己這樣的行為是不對的呢？

沒日沒夜忙了半個月，終於完成企劃案的那一刻，Candy這個Team六人都覺得自己的腦汁已經完全被榨乾了。

這種時候，還有什麼比大吃一頓更加療癒的事呢？

他們立刻決定前往公司旁的美式餐廳，以高熱量的食物慶功兼補腦。

處在高度亢奮的狀態下，六人一路有說有笑，不到十分鐘，全員已經站在餐廳二樓等待入座。

走在最前頭的Candy正跟帶位的店員溝通什麼，小茜與其他四人一派輕鬆地在約莫兩步遠的距離聊著天。

店員先把他們帶到吧台旁的六人座位，此時，吧台傳來絞碎冰塊的刺耳聲，Candy皺起了眉頭，禮貌的問：

「這個位子應該會很吵，我們沒辦法聊天，可以換別的位子嗎？」

她邊說邊指了指其他地方，帶位的店員口氣不太好地回答：

「那邊都是四人座，沒有六個人的位置！」

Candy覺得奇怪，這家餐廳他們不是第一次來，二樓這五、六十坪大的空間裡，怎麼可能會喬不出六個人可以用餐的位置呢？

更何況，根本還不到最尖峰的用餐時間，放眼望去只有零零散散不到五桌的客人。

店員接著不耐煩地補了一句話，徹底惹怒了Candy。

「還是你們要分開坐？」

Candy聽到這句話，過了三秒鐘才意識到自己的憤怒。

「你怎麼會這樣子問我呢！？」

她不敢相信瞪大眼睛，嚴厲地說：

「我們如果要分開坐，為什麼還要一起來吃飯？！」

我們從小被教導不要惹事生非，要懂得體諒別人。

但，卻常因為別人的錯誤而懲罰自己，

學著隱忍讓犯錯的人繼續錯下去。

你以為你的忍讓是為了當下的和諧，

你以為乖乖不鬧事就可以和平共存，

卻沒有意識到，這樣無理的忍讓只會讓更多扭曲的價值觀繼續被沿用，甚至到最後變成唯一的價值觀。

遇到這樣的狀況很多人的反應會是接受坐在吧台旁的位子，忍受噪音、拉高分貝邊用餐邊聊天。

但，這件事從頭到尾就是帶位店員的錯誤。

他沒有主動意識到吧台的吵雜會讓顧客不悅，經由顧客反應還不願意挪動店內擺設，調整出六個人的位置。

一旦接受他這樣魯莽無禮的安排，他就不會發現自己的錯誤，會繼續以自己的方便為依歸、以自己的懶散為準則，去摧毀顧客原本應該開心的用餐時刻。

你以為這是小事，卻正因為這些細瑣小事的積累，造成你的不快樂。
因為，你太習慣接受這些不合理，太甘心用別人的錯誤來懲罰自己。

長大以後的我們經常覺得被騙了。

原本以為長成大人，出社會工作之後，會比在學校時總有念不完的書、考不完的試要來得輕鬆。

但，卻根本不是這麼一回事。

長大以後的我們，除了要小心翼翼避免自己出錯之外，更多時候，我們會拿別人的錯誤來懲罰自己。

因為容易心軟、因為覺得不好意思拒絕別人，最終，你就成了總是被推諉責任跟過錯的對象。

你苦苦吞下別人的責任，也一併接下別人的錯誤。

你以為只是幫他這一次根本無傷大雅，

下一次的他會懂得不應該這樣做。

問題是，當你接收得如此心甘情願，他怎麼會知道自己這樣的行為是不對的呢？

如果他這樣是不對的，為什麼你一開始都不說？

如果他這樣是不對的，為什麼你一開始不拒絕？

每個人都有自己的人生，也有人生中該負擔的責任與苦痛，以及該要學會、該要懂得的事情。

你承受了別人的錯誤、別人該當的責任，並不代表你很偉大，只代表你很自大。

你自大到以為自己的開心不重要，只懂得成就別人。

你自大到以為自己雙手往上，就可以撐住整片天空。

你自大到以為自己的肩膀，可以扛起別人的一輩子。

你自大到無法面對與承認，總是拿別人的錯誤來懲罰自己，正是你根本快樂不起來的原因。

不要拿別人的錯誤來懲罰自己，自己的錯誤就該自己當，自己的人生讓他自己扛。

被討厭需要的是實力

> 在你說不出「不」的那一刻，
> 你就落下了踩在自己身上的第一個腳印。

我常常聽到這樣無助的聲音：

剛到一個新的環境，不知道怎麼融入大家，怎麼讓他們喜歡我？

我的主管不喜歡我，我不知道該怎麼跟他相處？

我身旁很多這樣的例子，在本該放鬆、屬於私人的下班時間，卻處理著一些主管的私事。

或者，其他的同事拼命把自己分內的工作強加到你身上，但你卻沒辦法說不。

你咬著牙忍受這些不應該、不公平，因為希望工作氣氛融洽，希望這樣就能讓別人喜歡你。

你說，不然怎麼辦，事情總是有人得做。

你說，不然怎麼辦，總不能被別人討厭。

你有想過這個問題嗎？

把自己分內的工作與責任推到你身上的人，怎麼沒有想過會被你討厭？你做了他該做的事，所以他喜歡你、常常跟你往來，難道就表示你們是真正的朋友嗎？

這樣的喜歡只是建立在滿足那個人的自私而已，

他之所以喜歡接近你，是因為你對他來說是有用的、是因為你願意被他用來減輕他自己本該承擔的責任。

如果你始終無法學會去拒絕，別人也無法插手幫你。

如果你不會因為這樣被對待而憤怒，別人也不想替你出頭。

因為你甘心情願，即使你滿腹委屈。

因為你在別人為你這樣被對待生氣時，還忙著替這樣對待你的人找理由解釋。

當你總是幫別人做事，而讓主管或同事真的多喜歡你一些了又如何？

難道你有這麼缺少朋友？

難道你有這麼想被肯定？

會開口要別人處理自己私事的人，

會強行把自己工作塞給別人的人，

原本就是自私、以自己為全世界中心的人。

在他眼裡，地球是繞著他而運轉的，他的事就是全世界的事，所有的人都應該覺得他辛苦、替他分擔。

他口頭上感激你為他所做的，心裡卻覺得理所當然。

在他第一次開口的時候，你沒有拒絕。

他只會越來越得寸進尺，這就是人性。

你願意被欺壓，他落得輕鬆，

如果，你們兩個人都覺得無所謂，到底傷害了誰？

你傷害了自己、傷害了自己的尊嚴。
當你允許別人折斷你的翅膀，
你的尊嚴也就被踩在他腳下。
而，
你還幫著他捏碎了自己的尊嚴、那第一個落下的腳印，就是來自於你
自己。

在你說不出「不」的那一刻，
你就落下了踩在自己身上的第一個腳印。
是你允許了別人對你的態度，
是你塑造了自己在別人心中該有的樣子。

有一本翻譯書的書名，輕輕鬆鬆說明了其實你可以堅持的態度：
《我說不，沒有對不起誰》
想要拒絕別人、開口說不之前，那股莫名冒出的罪惡感到底從何而
來，你曾經想過嗎？
當你一再退讓、一再答應許許多多無理的要求，
最對不起的人，難道不是你自己嗎？
你勉強自己去配合對方，反而導致自己的焦慮與不安，
最對不起的人真的就是你自己。

與其費心經營辦公室的人際關係，

你的時間跟心思不如放在強大自己。

不必顧著在辦公室當個好人，那不是老闆當初給你這份工作的目的。

「老闆找你來是要做好事，不是要你做好人。」

這句多年前看到的話，一直深深烙印在我心中久久不忘。

當你夠有實力把自己的工作處理好，根本不需要費心去討好任何人。

在你拒絕任何無理、不應該的要求時，要用實力去證明自己專業領域
裡的重要性。

這個工作非你不可，你不是別人工作的替代品。

努力做到讓別人需要你，即便他們在講到你的時候，總是皺起眉頭，
暗暗說了聲「難搞」。

如果難搞而被討厭，好像也不是太糟糕。

那些因為你好使喚、好差遣而接近你的人，並不是真正喜歡你或把你
當朋友。

我們從小所受的教育要我們合群、樂於助人，我們只被教育往同一個
方向前進就好，卻沒有人教我們反向的思考：

什麼樣的人不需要幫助、什麼的狀況下不需要合群。

從小被灌輸的觀念讓我們害怕被討厭，總逼著自己要合群，不能當個難搞的人。

但是，**難搞不過就是堅持原則。**

我們可以獨善自身但不得罪人，不見得就要暗自隱忍總是被人得罪。

你總以為堅持原則得罪了人，被討厭了很可怕。

但，其實更可怕的是，總是戰戰兢兢、擔心被討厭，搞得心裡很累的自己。

想要快樂起來，想要活得自在 那就適度、適時地讓自己難搞吧～

過份的善良是一種罪過

過份善良的人讓善良污名化，讓大家瞧不起善良。
因為不想成為跟妳一樣的爛好人，於是決定不再善良。

妳也不知道為什麼，總是說不出「不」這個字。

明明好幾次已經鼓起勇氣，卻還是卡在喉嚨，吐不出口。

妳害怕面對說出「不」這個字時，周遭凝結的空氣、對方僵硬的表情，有些時候對方甚至還會口出惡言。

為了避免這樣的尷尬場面，妳選擇了逆來順受、接受所有合理與不合理的要求。

最初明明是出於善意，卻不知道為什麼到最後自己越來越不快樂。

妳聽人說**「善良是一種選擇」**，比聰明、才華還要可貴，但是怎麼妳感受到的不是這麼回事？

妳一直以為善良是對的，所以妳總是在道歉。

別人把事情搞砸了怪妳，妳道歉。

男人劈腿說都是妳的錯，妳道歉。

日子過太好朋友有壓力，妳道歉。

妳總是在道歉，妳總是覺得對不起了誰。

妳總是在道歉，千錯萬錯都是自己的錯。

妳總是在道歉，最後連自己都討厭自己。

妳跟所有人道歉，讓所有人把責任推卸給妳，妳扛下別人的責任，成了沒有敵人的人。妳討好了所有人，卻讓自己討厭了自己、忘記最該讓誰開心。

很多做錯事的人不會怪自己。

他們會找盡藉口推諉，更可能他會說，其實，事情會變成這樣，是因為你、都是你的錯。

只有這樣，他才能消弭自己的罪惡感、落得一身輕。

他活得開心自在，事不關己，因為他夠自私、不必承認任何錯，因為你已經幫他扛了。

而當他說都是你的錯，你之所以會相信，是因為你就是一個相對善良、懂事、會自省的人。面對這樣的狀況，你會真的相信都是自己的錯，於是責怪自己，進而被壞情緒給籠罩。

只是，被你輕易說出口的：

「對不起。」

雖然只有短短三個字，很輕的一句話。

卻，

很容易讓別人看起來像是壞人。

而，

總是在道歉的妳就是個爛好人。

過份的善良是一種罪過，

你讓別人輕鬆卸責、只會推卸責任不懂承擔。

妳讓自己沒有尊嚴，連自己都無法尊重自己。

過份善良的人讓善良污名化，讓大家瞧不起善良。

因為不想成為跟妳一樣的爛好人，於是決定不再善良。

善良固然是一種選擇，

但，

仍要懂得選擇成為有原則、立場、堅定的善良。

而不是爛泥一般的、光是被人踩在腳下的善良。

過份的善良不是善良，過份的善良是無心的偽善。

你的一句是我的錯，輕易讓周圍人通通變成壞人。

沒有分寸、不懂節制的善良只會縱容壞事，只會讓身旁的人認為做錯
了也沒關係，都會得到原諒，而繼續錯誤的待人處事之道。

原諒的力量固然很強大，足以讓對方卸下罪惡感、心情開闊，為自己
的情緒找到出口。

只是，

太輕易地原諒，會讓曾經犯的錯顯得沒有重量。

犯錯的人就不會真正明白，曾經帶給別人怎樣的難堪與苦痛。

學會拒絕，丟掉滿抽屜的好人卡。

你會意外的發現，

地球還是一樣在轉動，

你過得更輕鬆自在了，

而，

該處理的事只是回到了該處理的人手上。

道歉的勇氣

道歉最難的不是說出口的那一瞬間。
道歉最難的是，要把自己如何做錯的過程一字不差地說出來。

華華跟Sophie曾經是很好的朋友，直到華華做出了一件自以為對她好的事，兩人從此陌路再也沒聯絡。

是什麼樣的事情，值得讓情比姊妹深的兩人就此翻臉呢？

當時的Sophie正處在一段就要變成小三的危險關係中。

男人是她的直屬上司，笑起來眼角有深深淺淺交錯的魚尾紋，帶著成熟男人的魅力。幽默風趣個性穩重、有品味的穿著、保養得宜的身形根本看不出已是45歲的年紀。

頻繁的出差次數拉近兩人的距離，男人不避嫌對她的欣賞，Sophie幾乎就要醉倒在他甜而不膩的蜜語中。

兩人眼看就要犯下錯誤了，要不是自己及時的出手干涉。

華華是這樣想的，分明是自己拉了快溺死的Sophie一把，怎麼卻反而失去了這個朋友？

事情發生在兩年前某個晚上的姐妹淘聚會裡，那時Sophie心中的惡魔與天使還在掙扎，對於男人頻頻釋出的好感與邀約，她還沒有點頭答應。

但，面對自己的好姊妹她向來無所不談，她談好男人難找、談對這個男人的動心、談男人對自己的好、談自己很猶豫該不該成為別人婚姻裡的小三。

其實，她自己是知道答案的，只是不想去面對、不想太快從被愛慕、被渴望的感覺中醒過來。

當Sophie起身離開座位時，她的手機震動了一下，華華看見了男人傳來的訊息。

「今晚，我等妳………」只隱約看見了這幾個字。

華華看了一眼Sophie離去的方向，立刻打開她的手機讀完男人完整的訊息。

「今晚，我等妳。如果妳不來，我就知道妳的答案了，這件事我再也不會提。就當這件事從來沒發生過。」

華華毫不猶豫地刪去了男人的訊息，並且把Sophie的手機放回了原位。

當天晚上，姊妹淘的聚會很開心地結束了，華華隻字未提，兩人各自回家。

在那之後的一個月時間裡，男人態度突然的轉變讓Sophie很痛苦，偏偏她不是那種會追根究柢的個性。更別說，兩人之間根本什麼都沒發生，她又有什麼資格跟立場去質問些什麼呢？

華華陪著她度過每個想不開、過不去的夜晚與週末，聽她罵男人，陪她哭、陪她喝醉。

三個月後的某天，Sophie約華華到家裡，華華一進門，香味撲鼻滿桌的可口菜餚跟美酒等待著她。

「怎麼啦？發生了什麼好事？妳升官啦？加薪？還是中樂透？」

華華不停地猜，Sophie邊大笑還猛搖頭。

「我今天真的是太開心了，老天爺太眷顧我了！我是全天下最幸運的人！」

看著Sophie紅通通的雙頰，華華心想：

「這傢伙該不是喝醉了吧～」

「來！我們今天不醉不歸！」

「到底發生什麼事啦？」華華忍不住追問。

「他老婆今天殺到公司來，抓著小倩的頭髮一路扯到電梯口！」

「天呀！也太精彩了吧～」

小倩是Sophie同部門的同事，Sophie到今天才知道原來自己不是男人唯一的目標。

「老天爺是不是很眷顧我？幸好當初他突然對我疏遠，我才沒有陷下去，不然，今天被抓著頭髮拖到電梯口的就是我了，只是我頭髮這麼短，她也扯不到就是了～」

Sophie笑到流淚，說完還哈哈大笑。

「我就是妳的老天爺，妳要感謝的人是我。」

華華笑著說。

「什麼意思？」

看著一臉疑惑的她，華華把事情的前因後果解釋了一下。

「妳看，會外遇的男人本來就不是什麼好東西，他呀～那時候應該是也不想跟妳耗下去了，想從幾個鎖定的目標中趕快得手一個！才會傳那封簡訊，根本就是『哀的美敦書（ultimate）』！最後通牒！」

華華越講越生氣，卻對上了Sophie冰冷的眼神。

「妳看了我的手機還刪掉我的簡訊？妳以為妳是誰？妳憑什麼這樣做？」

下一刻當華華意識過來，自己已經被轟了出去，Sophie從此不再跟她聯絡，不管她如何解釋都沒有用。

這麼多年的感情就這樣被一筆勾銷，這簡直比失戀還令人難受。

今天是自己的大喜之日雖然發出了邀請，

但她也沒把握Sophie會不會來。

新娘房裡人進人出熱鬧的不得了，而她等待的身影始終沒有出現。

隨著喜宴即將開始，賓客一一就座，她也開始整理著自己。

就在這時候，大門隨著兩聲輕輕的敲擊聲後打開，從鏡面反射她看見了Sophie。

眼淚在兩人眼神交會的瞬間奪眶而出。

她們緊緊抱住對方，就只是哭，什麼話都說不出來。

過了好一陣子，她終於說了對不起這三個字。

Sophie猛搖著頭，哽咽著說：

「該說對不起的是我，我知道妳是為了我好，但是，我又覺得好丟臉，自己怎麼會笨成這樣，所以才遷怒妳……」

「不，妳聽我說，我不應該刪掉妳手機的簡訊，不應該擅自幫妳決定妳的人生。」

Sophie邊哭邊幫她擦著眼淚。

「不，我要謝謝妳，當年客串老天爺的角色，讓我沒有一錯再錯。」

兩人相望，又是掉不完的淚。

「唉呀～新娘子哭成這樣，等等怎麼進場見賓客啦～來，我幫妳補妝。」

道歉最難的不是說出口的那一瞬間。

道歉最難的是，要把自己如何做錯的過程一字不差地說出來。

不只是我很抱歉傷害了你這樣的話，這樣的話說出口根本沒有意義。

把做錯過的曾經一字一句慢慢說出來，對你對他才有意義。

看著對方的淚，聽見自己的後悔，甚至接到自己滾燙燙的淚，這才是認錯的過程。

說出道歉不是件容易的事，需要很大的勇氣。

但，只有這樣，事情才會真正地過去，

你會真正被原諒，對方也才會真正地釋懷。

不要忘了
曾經坐在那張椅子上的自己

> 你無法體會對方穿上這雙鞋走路時，是舒適還是難受。
> 除非，你也穿上這雙鞋去走他走過的路。

前兩天在辦公室裡，助理侑侑真實上演了一齣戲碼，詮釋「設身處地」這件事的重要性。

那時的侑侑躲在辦公室大門口，打算捉弄正要走進來的同事小非，她毫無預警地大喊：

「嗨！小非！」

完全沒有心理準備的小非，被她刻意放大的音量嚇呆了，只能瞪大眼睛看著她。

侑侑看著小非的反應，正得意地大笑時，小非不假思索也立刻對著她大吼：

「嗨！侑侑！」

沒料到小非的反應會是這樣，侑侑反而被嚇了更大一跳，然後很委屈地問小非：

「你幹嘛那麼大聲？」

小非似笑非笑地看著她說：

「那妳現在知道，妳剛剛突然對著我大吼時，我的感受了吧～」

多麼簡單的道理，卻也是我們平常最容易忽略的。

「設身處地」的意思我們都懂，但真正要可以完全體會、理解他人的感受卻是難上加難。

除非，你也經歷過跟他一樣的遭遇。

就像在被小非大吼之後，侑侑也懂了沒由來地有人朝著你大吼會有的驚嚇感。

比起略有深度的成語需要再三解釋，才能體會箇中滋味。有個英語片語更加淺顯易懂，那就是「I was in your shoes」。

你無法體會對方穿上這雙鞋走路時，是舒適還是難受。除非，你也穿上這雙鞋去走他走過的路。

那種難以言喻的感受，只有穿鞋子的人自己最瞭解。「In somebody's shoes」是穿上別人的鞋的意思，也就是「設身處地替別人想」或「考慮對方的立場」。這個片語用了「shoes」當作比喻，也就是「place」的意思，指的就是「別人的處境」。

在韓劇《Doctors》裡，女二始終不懂暗戀的前輩為什麼不喜歡自己。

她家世好、長得漂亮、一流大學畢業，又跟前輩同為神經外科醫生。

兩人認識多年朝夕相處，前輩更不諱言曾經為她心動，卻始終差上臨門一腳，並沒有真正愛上她。

她總是嘲笑喜歡「有故事的女人」是前輩戀母情結的延伸，不是一種健康的情感取向，兩人因為這件事情爭論過許多次。

有一次，他們科內的兩位主治醫生分別醫治一位單親爸爸的兩個七歲與九歲兒子。

兩個小小年紀的男孩都罹患了罕見疾病，治療需要龐大的醫藥費開銷。而這位單親爸爸日夜不停的工作，只能抽出非常有限的時間來探望自己深愛的孩子。

有一天，跟著前輩例行巡房檢查時，女二不假思索脫口就問男孩們：「爸爸呢？好幾天沒看見他了。」隱約帶著不能諒解的語氣。

男孩們開朗地回答：

「爸爸在辛苦的賺錢給我們治病喔～」

急忙幫心愛的爸爸辯護。

離開病房後，前輩神情嚴肅地對她說：

「我喜歡有經歷、有故事的人，那是因為經歷過困難才會更懂得照顧別人、會知道身在困境中的滋味，懂得設身處地去理解別人的為難與窘迫。」

女二帶著疑惑的眼神望著他。

接著他說：

「這是妳無法做到的事，否則，妳剛剛也不會問他們爸爸在哪裡了。

妳以為在那病房裡最想見到他們爸爸的人是誰？

難道是妳嗎？當然是他們。

小小年紀的他們已經在拼命忍耐見不到爸爸的痛苦，妳卻還在他們傷口上灑鹽。」

女二的臉上閃過了後悔，他又說：

「這也是我再次確定，我沒有辦法喜歡上妳的原因。」

設身處地是每個人都該學會的重要心態。

但不可否認的，若不是真正經歷過同樣的困境，

我們都很難能真正做到。

在《翻轉幸福（JOY）》這部電影的最後，也有一段類似的描述。

這部電影是改編自真人真事喬伊‧曼加諾（Joy Mangano）的故事。

她是美國「魔術拖把」（Miracle Mop）的發明人，也是美國電視台購物女王、擁有一百多項專利的發明家、公司資產近千億的總裁。

在抵達現在的成功之前，她只是一個衰到不行的單親媽媽。

她為了實現夢想而負債累累、離婚多年跟前夫還糾纏不清，讓他住在自家的地下室，對於她的夢想，全家人都努力扯她後腿。

沒有人認為她會成功，除了外婆。

也因為外婆的鼓勵，她從小篤定的只有兩件事：

第一：她很會發明東西。

第二：她的人生不需要王子來拯救，但自己的發明倒是可以毫不吝嗇地跟王子公主們分享。

我們常覺得自己比別人辛苦、比別人認真、比別人委屈。

但，再辛苦認真或委屈，本來就不能保證你做的事、前進的方向一定
都是對的、又或者你一定就能成功。

也許你真的夠好，夠優秀，卻還是得不到最想要的認同。

這時候的我們缺少的只是一個被看見的機會，而這個機會靠的不只是
自己的努力，也依靠著別人願意給我們機會。

當Joy努力辛苦了許久許久之後，被看見的機會終於來到。

她之所以沒有搞砸，那是因為她很清楚明白，

原本的自己該是什麼樣子。

自己該是什麼樣子，而不是把自己裝扮成別人期待你該有的樣子。

堅持自己該有的樣子，不是為了討好全部的人而改變原來的自己。

抓住了別人願意給你的機會，表現出原本的自己該有最好的樣子。

她同時也明白、清楚地知道：

「不要以為這世界欠你什麼，別傻了，這世界什麼也沒欠你！」

老天爺沒有你想的那麼不公平，

成功的機會都曾經擺在每個人面前，

只是當時的我們懂不懂得該要把握。

在這部電影的最後，事業有成的Joy在自己的辦公室裡接見帶著創意前來展示的人們。

等著他們毛遂自薦說服她，投資眼前這個發明，

就像當年的Joy她自己。

看著緊張不安的對方，Joy發出會心的一笑，體貼地說：

「慢慢說，我也曾經坐在那張椅子上，我懂你的心情。」

在一些機緣巧合之下，我們也會成為別人的老天爺，不管有心或是無意。

當你扮演著別人的老天爺時，會不會願意給對方一個機會？

當你扮演著別人的老天爺時，是不是也會記起當初的自己？

當你扮演著別人的老天爺時，能不能想起曾經的不安惶恐？

當你扮演著別人的老天爺時，要更能設身處地為他人著想。

就像當初曾經有人給你那個機會，你也要那樣善意溫暖地對待一個陌生人。

堅

強

You Don't Need To
Be Strong All The Time

03

愛情

人生並不是不停的趕路，
不必急著趕赴到自己設定好的目標。
沿途有些風景非得要等到你願意停下腳步來，
才能夠看得見。

人生打了個叉

> 看起來再簡單的事情，都有不簡單的過程。
> 你以為別人的幸福很容易，那是因為你沒經歷過他的不容易。

「離婚」在比較口語的日文用法上，有個戲謔點的說法稱做：
「ばついち（×一）」。

叉一，簡單來說就是：「劃了一個叉」的意思。

自從一個人搬出那個家之後，妳就不再戴著婚戒了。
雖然，那個時候你們還沒有離婚。

想想有點可惜，妳其實是很喜歡那個戒指的。
妳的十指總是光禿禿的，連手腕上都沒有手錶。
而他卻恰好相反，兩手總是熱熱鬧鬧地戴著骷髏頭戒指、動輒數萬元
起跳的名錶，還有讓妳眼花撩亂、每天更換的手鍊。
與他交往的那幾年，他送的禮物總是急著覆蓋妳的雙手，像是戒指、
手鍊、名錶這些奢侈品，現在也都已經不知被妳棄置在哪個蒙塵的角
落了。

對了，還有耳環。
他是妳認識的男人裡唯一一個打耳洞的，妳倒也不是太排斥。
在一起的那幾年，他不只一次要妳去打耳洞，提出的條件相當誘人：
「只要妳去打耳洞，我就買一副鑽石耳環送妳。」
妳很堅定的拒絕了，明白的告訴他，妳怕痛。

提了幾次妳都不依，有一次他終於忍不住說了。

聽說，如果女生不打耳洞，下輩子就會投胎變成男生。而男生只要在左耳打上兩個耳洞，那麼他下輩子還會是男生。

講完這個傳說，他有點賭氣的質問妳：

「難道妳下輩子想當男人嗎？」

妳看著他左耳那兩個耳洞，搖了搖頭。

妳，不想當男人，但，也不想打耳洞。

現在回想起來，他是渴望可以把妳裝扮成他喜歡的樣子吧？

正因為妳平常是不戴任何首飾的人，當初在選購婚戒時，你們花了不少時間去尋找跟討論。

既要造型簡單還要有質感、設計夠特別，更不能影響日常生活作息。

要把一顆大立鑽戴在手上，做什麼事都得小心翼翼地，妳可受不了這樣的折磨。

更重要的是，你們都希望挑一個可以天天戴著的婚戒。經過千挑萬選終於買到了一對，連不愛戴首飾的妳都願意天天戴著的戒指。

摘下戒指後的某天，在一場重要的會議上，企劃案的討論陷入了僵局。

開始沈思起來的妳，習慣性用右手的大拇指跟食指圈住左手無名指，
想要把玩原本應該在那個位置上的婚戒時，卻只抓住了自己光溜溜的
手指。

撲空的感覺重重撼動了妳，雖然臉上沒有洩漏任何表情，但妳的思緒
已經大亂。當場決定解散大家，明天再議。

妳提早下了班，開著車讓自己漫無目的在街頭閒晃，吹吹風希望也把
壞情緒吹走。

離了婚的人，一開始大多是不願意再談戀愛的。

一段婚姻的結束，遠比一段感情的結束更讓人挫敗。

妳從小就渴望建立一個屬於自己的家庭，不必多奢華，只要夠溫暖，
而這樣的溫暖靠的當然是婚姻裡的兩個人。

當再怎麼努力都沒辦法繼續下去時，妳終於狠心忍痛結束。

這段八年的婚姻，妳感覺像是經過了一輩子般地漫長。

妳光是企圖讓自己回到過去一個人時的樣子，就已經疲累不堪了。

怎麼還會有心思去想戀愛這樣的事情呢？

怎麼還能想像敞開心胸去接納另一個人？

車子來到熟悉的商圈，妳突然想起自己需要一樣東西。

停好車，小心翼翼捧著它，走進一間傳統的餐具店。

「老闆，請問你們有賣白色的茶壺蓋嗎？」

妳捧在手心裡的是一個茶壺，大老遠從日本扛回來都毫髮無傷，卻在整理櫥櫃時不小心摔破了茶壺蓋。

它是一個白底藍綠花紋的茶壺，只要找得到一個白色的蓋子來搭，這茶壺還是可以使用的。

老闆很熱心地幫妳合著茶壺蓋的大小，三分鐘不到的時間，就找到了剛剛好符合的。

「要幫蓋子綁紅繩子在茶壺上嗎？」

「可以綁呀？」

妳瞪大了眼睛驚訝地反問。

「當然可以啊～ 30元。」

妳猛點頭，求之不得。

老闆戴起他的老花眼鏡，拿出紅繩手指飛快地舞動了起來。

「妳這樣看我綁會以為很簡單⋯⋯⋯⋯⋯⋯」

老闆邊跟妳聊著天，雙手的速度並沒有慢下來。

「沒有，我覺得好難。」

妳很誠懇地說，老闆有點得意地笑了起來。

「有人還特地在我綁的時候，錄影下來想學，結果他回去之後根本綁不起來。」

「我還以為茶壺上的那些紅繩，都是原本就綁好的。」

妳驚訝自己居然到今天才知道這件事。

「沒有啦～原本都沒有綁的，都是要自己綁。」

一旁的老闆娘沈不住氣的插話。

「早知道，當初買這個茶壺時就送來給你們綁繩子了，這樣原本的蓋子也就不會摔破了。」

妳很惋惜地說。

「下次妳就知道了啦～」老闆娘笑著回答。

聽到這句話，妳突然一陣鼻酸。

強忍著淚水，謝過他們後，趕緊轉身往店外走。

回到車上，只剩下自己一人的空間裡，妳終於放聲大哭。

當聽到老闆娘說**「下次妳就知道啦～」**，妳覺得自己好像被原諒了、好像被瞭解了。

從提出離婚的要求到現在，對方始終無法諒解。

雖然，在真正下定決心搬走之前，妳已努力跟他溝通了一年半。

妳一直以為是自己的錯，妳曾經懷疑過是不是自己不懂得好好珍惜這場婚姻、是不是自己不夠努力、太快就放手？

如果，牽著的手始終暖心，誰又捨得放開？

原來，婚姻的挫敗並不是妳一個人的錯。

原來，就像妳的茶壺一樣，即使不小心摔破了蓋子，還是有可能可以
再找到合用的另一個。

原來，就算是照著老闆的手法，也不見得可以綁出一模一樣的紅繩
結。

看起來再簡單的事情，都有不簡單的過程。

你以為別人的幸福很容易，那是因為你沒經歷過他的不容易。

原來，雖然在這個時間點，妳的人生被打了個叉叉，但在這個叉叉之
後，妳的人生還是可以重新開始的。

在這場大哭之後，妳終於原諒了自己，願意讓自己帶著人生的這個
叉，試著重新幸福起來。

聽艾莉說故事

女人為什麼外遇？

> 當一切變成不得不要而非真心想要，
> 當生活的所有事件都被視為理所當然的存在，
> 身在其中的人就再也找不到持續下去、熱愛一切的動力。

當我寫下這篇文章的標題時，突然覺得有點悲哀。

現在是個「男人為什麼外遇？」這種議題不再成立的時代，因為太過氾濫、太過常見，人們早已放棄討論。

近幾年開始聽說了女人外遇的故事，驚動了不少的人。

於是，男人急著想知道：

「女人為什麼要外遇？」

他們以為知道了答案，就可以避免這件事發生在自己身上。

或許，男人更該問自己：

「當對眼前的自己、人生、婚姻、伴侶都感到絕望時，女人為什麼不外遇？」

關於外遇這件事，不管男女，問題從來不是出在小三或小王身上，而是在婚姻裡的兩個人，偏偏當事人卻渾然不覺、完全不自知。

一對伴侶之間如果不是先出現了問題，第三者是難以介入的。

在保羅·科爾賀（Paulo Coelho）的《外遇的女人（Adultery）》這本書裡，女主角琳達被憂鬱症狀所苦，她拒絕面對、用盡力氣逃避「自己生病了」這個事實，縱容病症左右自己的人生、思緒，進而放任內心劇場無限瘋狂地開展。

對於女人來說，「外遇」從來不只是單純的肉體情慾發洩，真正的原因終究還是愛情。

是愛情讓她失望，也是愛情讓她無法自拔。

即使一開始是因為肉體的激情接觸，到後來讓她無法結束這段關係的，卻是因為發現自己深深愛上了前男友。

更可怕的是，當嫉妒蒙蔽理智，她還進一步想要毀滅想像中的情敵，而做出許多瘋狂行為。

前男友是極度危險的生物，原本就不應該輕易的接近。

尤其是當妳對現狀極度不滿的時候，還有什麼比前任是更好的出軌選擇？你們太過清楚彼此的脆弱與堅強，你們見過彼此的裸體、熟知對方的一切。

即使，只是眼神的交會、肢體不經意的觸碰，也會引發悸動。

十年的婚姻生活其實不算長，卻已經讓她耗盡了心力。

這當然怪不了別人，因為她太想要維持完美的外在形象，那個別人眼中完美的自己。

不能輕易放過自己的個性，讓她在每個人生階段裡的角色，都拼了命想要符合別人的期待、符合那個角色該有的樣子。

過度努力的結果，首先失去的就是：

曾經因為擁有現在一切，而那麼快樂幸福的自己。

一旦不快樂了，就會看全世界都不順眼，

以為每個人都在找自己麻煩。

但，其實妳最看不順眼的是自己，

一天到晚找妳麻煩的不是別人，就是妳自己。

在《外遇的女人》裡提到了《科學怪人（Frankenstein）》、《化身博士（Dr. Jekyll and Mr. Hyde）》，還提到了《普羅米修斯（Prometheus）》。

作者以這些例子解讀外遇的女人面臨的問題，但對於閱讀者我來說，桔梗這個女人、讓她感覺窒息的狀況，其實，更接近另一個希臘神話故事主角——薛西佛斯（Sisyphus）的遭遇。

在神話裡，薛西佛斯因為觸怒天神而受罰，他必須每天推送巨石上山，好不容易到達山頂後，巨石便會滾落到地面，日復一日，把它推回山上，再眼睜睜看著它滾落到山下，然後再來一次一次又一次。

每天重複著徒勞無功的努力，注定一事無成。

推送巨石的過程，就像女人敘述自己身陷憂鬱症中的狀態：

身陷在無法施力、軟得不著邊際的黑洞。

企圖想掙脫，卻跟薛西佛斯一樣束手無策。

對很多人來說，不管是人生或婚姻，最終的感受都落到這種地步。

當一切變成不得不要而非真心想要、當生活的所有事件都被視為理所當然的存在，身在其中的人就再也找不到持續下去、熱愛一切的動力。

但，學會轉念是人生很重要的一道課題。

要知道生活的樂趣其實就在於重複。

每個週末的一早，牽起他的手去逛逛攤位固定的市場，晃到喜歡的店吃著一樣的早餐，也吃進了讓人滿足的幸福。

是重複帶給我們安全感，弔詭的是，安全感也帶來了困頓、倦怠，與厭煩。

當我們學會安心露出微笑，學會享受，並接受重複的平凡幸福。

這樣的力量就足以抵抗時光流逝對情愛的摧殘、對人生的消磨，就像薛西佛斯最終也能帶著微笑去面對希臘眾神的譏諷。

而《外遇的女人》裡，女人最終也經歷了一場冥想似的洗禮，找到了自己、找到了內在平靜的力量，也找到了一切的解答。

期待著怦然，卻等到了日常

> 所有的相遇都是說不准的，就算有久別重逢的熟悉，
> 往往差的只是臨門那一腳的勇敢。

每當有人聊起：「心目中第一名、不可取代的電影。」這個話題時，第一個念頭，我總是想起《電子情書（You've Got Mail）》。

電影一開始就帶入1998年那時期剛開始興起的撥接網路，以及取代了筆友的網友這兩項讓人會心一笑的元素，以明快的節奏進行一段看不膩的愛情故事。

兩位主角在現實世界裡，不但不對盤更是競爭對手，分別是大型連鎖書店老闆和小型童書店老闆，竟然陰錯陽差地在網路上通信多日，更在虛擬世界成為彼此心中比男女朋友更能傾吐心事的對象。

湯姆漢克斯（Tom Hanks）飾演的是大型連鎖書店老闆Joe Fox，有個交往多年精明能幹的女朋友，他們一直覺得彼此是同一類的人——為達目的不擇手段。

梅格萊恩（Meg Ryan）飾演的是童書店老闆Kathleen Kelly，她的男友是個憤世嫉俗、迷戀老式打字機的知名記者，總是看到事情最悲觀的那一面、無法容許不公不義的事情、更無法容許有人竟政治冷感到不去投總統大選的票。

這兩個白天互看不順眼，甚至當眾吵過架的兩人，到了夜晚，背著彼此的伴侶，躲進網路裡卻有聊不完的心事。

我們並不是生來就夠強大、夠瞭解自己，往往要透過別人對待我們的態度、別人愛我們的方式，才看清自己、瞭解自己，進而修正自己。

Joe原本以為自己就是個標準的商人，不會因為任何事情心軟。

他是傲慢的，他有傲慢的條件，他就像Kathleen提到的最愛小說《傲慢與偏見（Pride and Prejudice）》裡的Mr. Darcy達西先生。

但，慢慢地他發現，他會因為對Kathleen口出惡言愧疚、會因為自己的書店行銷太成功影響了小書店的生存而不忍心。

他們在一場派對上相遇，Kathleen因為知道了他的真實身分氣憤難當。她用充滿偏見的角度數落他，而被誤解的他，下意識以更加冷酷無情的話一一反擊。

她氣到無法回話，還覺得這樣無能的自己糟透了；而他則懊悔不已，無法接受自己竟可以這樣傷害別人。

當天晚上，這兩個受了傷的人都上網去找最瞭解自己的人療傷。

於是，有了這樣一段對話：

「你有沒有過這種感覺，自己變成自己最厭惡的人。」他說。

「有人激怒了你，打翻你裝滿仇恨、鄙視的潘朵拉盒子，引出你所有的缺點。你大可不必理會卻忍不住惡言相向。

這就是我，討人厭先生。我想妳大概不知道我在講什麼⋯⋯⋯⋯⋯」
他很沮喪。

「不，我懂你的意思。我真的很忌妒你。每當跟人起爭執，我總是氣
到說不出話來，我的腦子一片空白。

然後，我整晚翻來覆去睡不著，一直在想我當時應該要怎麼說、怎麼
說。」

她飛快地回應。

「像是最近，我應該對一個總是貶低我的傢伙回的話，已經過了好幾
天了，我還是想不出來⋯⋯」

「如果，我可以把罵人的話都給妳，我可以彬彬有禮而妳可以想罵人
時就罵人，那就太好了。」

兩人同時看著螢幕笑了起來，把剛剛的壞情緒一掃而空。

他接著說：

「但是我得先警告妳，當妳終於能在需要的時候說出妳想要說的話
時，後悔會很快找上妳。」

這是他改變的開始，透過了Kathleen對他的不友善的態度、透過她被
自己的語言攻擊後受傷的眼神，他反省著自己。而她只能對他說出所
有的心事，不管是對自己經營書店的困境、終於克服障礙，可以立刻
反擊討厭的對象卻感到不安、面臨倒店的害怕與迷惘。

因為感覺安全，她對他毫無保留、全盤信任。

他們相識於虛無的世界，卻有著最日常的往來，面對彼此時可以毫不
保留地說出自己的心事，這樣的相處慢慢累積出感情與信任。
每當數據機撥接聲響起、當「You've Got Mail」的音效聲響起，他們
一次次為對方怦然。
在她心目中，化名為NY152的他溫暖善解人意、風趣幽默。
而現實世界中的他、一個原本這麼討厭的他，卻也因為越來越頻繁的
相處進而相識，才發現他有趣、體貼的另一面。
只是，他怎麼會越來越像NY152給她的感覺呢？

原本相互看不順眼的兩人，在另一個身分裡認識了真正的對方進而愛
上了彼此。這愛上的過程是經由緩慢醞釀得來的，不在任何預期之
中，卻在預料之內。
兩人在相識了這麼久以後，才真正看見了對方、看進了心裡。
如果不是他放下了自己的傲慢、她放下了對他的偏見，他們就會錯過
彼此。

我的朋友小麥最近遭遇了一個人生很大的考驗，事關生死。
當醫生開出住院通知書給他時，看著醫生在電腦鍵盤上飛舞的雙手，

他腦中一片空白、沒有任何想法。害怕的情緒不是沒有,也在人後大哭了幾回,但在家人朋友面前他始終一派輕鬆。

好強的人生病時最怕的是有人問候,刻意逞強時最怕被人看穿。

好強的人遇上再大的困難都不怕,他最怕的是有人替自己難過。

他不讓同事朋友知道自己生病的消息,打算悄悄住院後,再由一個死黨負責告訴所有人。

但,人算不如天算,他本來藏得很好的心事,卻被一個不怎麼熟稔的女孩發現了。

「最近中午看你都沒怎麼吃東西,還好嗎?」

女孩這輕聲一問,戳破了他的防護罩。

本來早已經挺起胸膛,準備要面對接下來所有難關的男子漢,敗給了一句輕輕柔柔的擔心。

他忍不住把生病的事告訴了這個才進公司沒多久的同事。

看起來嬌生慣養的女孩,卻有著見過大風大浪般的沈穩。

沒有涕淚縱橫的驚慌失措,她把生死相關過成一種日常。

當生死這樣的大事來到眼前,其他的遲疑都微不足道了,答案會異常清晰明白地蹦了出來,下定決心也會來得比平常簡單。

小麥排除所有疑慮決定牽起女孩的手,讓她陪伴自己面對接下來的考驗。在小麥住院前,他們像普通的情侶一樣去了一趟三天的小旅行。

開開心心度了個假，三天後，女孩陪著他一起進了醫院。

然後，就這樣一路陪著他走過住院、開始化療、出院又再入院化療這
一段最難捱的日子。每一天下了班，女孩就來到醫院陪著他，跟他聊
一些不著邊際的瑣事。
今天遇見了誰，誰又問起了你。
今天去跑了一個客戶，你都不知道有多討厭有多機車。
當然也聊開心的事，他們計畫著出院後，在下次住院前可以一起去哪
裡走走。

他們聊未來談夢想，就像平常的情侶一樣。
他們的日常裡有著最不容易的怦然。

**所有的相遇都是說不準的，就算有久別重逢的熟悉，往往差的只是臨
門那一腳的勇敢。**
就算老天爺安排了讓你們相遇，但，如果不是剛好你們都看見了對
方，再加上兩人都有願意去愛的勇敢。
這樣的勇敢跟那一眼的瞬間，如果早了一秒，或是晚了一秒，老天爺
精心的安排，也不過是路人一場。

在電影最後的最後，Joe緩緩朝著Kathleen走來。她淚眼汪汪地說：

「我一直希望那個人，就是你。」

她其實都懂得，懂得他是怎麼樣默默細心地，把每一個日常經營成自己想要的怦然。

不然，他為什麼總是出現在自己會在的地方。

妳常去的咖啡館，妳喜歡的書店角落、妳買花的市集、妳最喜歡的那個街角。

妳期待著怦然，卻等到了日常。

然後，

妳明白了和他的日常就是每一次的怦然。

小麥以前不懂，自己到底哪裡做的不對，為什麼總是沒有辦法如自己所願地順順利利談上一場戀愛？

現在的他懂了，

原來剛好是真的會就這樣發生了，

原來怦然並不總是驚天動地的來，

原來那人就是會在某個日常，剛好就走進你的生命。

那些曾經的失落，不明白自己做錯什麼的痛苦，都成了過去。

原來，每一次的怦然往往都發生在最日常的場景裡。

日常就是最難能可貴的怦然。

就算拼了命做到自己的最好，都不如剛剛好的日常。

而老天爺讓你錯過這個人，真的是因為有個更好的在下一個路口，等

著要跟你攜手日常。

別老用平行時空來安慰自己，
我始終相信每一個決定的當下，，
都帶有自己當時的勇敢與自信。

有沒有可能比較幸福？

> 妳要了什麼樣的生活，就自然會犧牲另一種可能。
> 這就是人生的殘酷與有趣。

強烈颱風剛剛離開的下午，看完李維菁的《生活是甜蜜》後，我在沙發上睡著，過沒多久醒來，醒在充滿幸福的感覺中。

那是一種從心底最深處浮現的強大幸福滿足感，意識恍惚、完全失去辨別當下是何年何月何日何時的能力。

是不是因為書中的奇幻文字、加上時空交錯還充斥了眾多90年代的記號，激發了我腦力加速運轉，進而被帶領回到那樣青春美好、總是相信未來有一條康莊大道正等著自己的當初，於是產生了幸福的幻覺？

是那一場短暫的假寐，讓我以為回到年輕美好的自己嗎？

《生活是甜蜜》這個長篇小說，故事是從耶誕夜的一場相親展開。

錦文，故事的女主角47歲，單身未婚。

在她一輩子都想逃離的藝術圈工作，一路從藝評家、策展人走來，好像有了一點地位，卻又總覺得自己跟藝術圈格格不入。

在她看來，藝術跟愛情都只是幻象，自己之所以沒有拒絕這一場相親是因為：

比較像是買個保險，減少老大傷悲的悽愴。

只求欣賞敬重多過情愛，輕巧避開彼此的過去活著，

這個時分的人生，誰都負擔不起情愛了。

到底是遇到什麼樣的事，會讓人疲累到什麼都沒有辦法再相信了呢？

疲累這樣的感覺是不斷積累的，

會在某個好像功成名就了的那一天，

覺得終於對得起自己的努力跟眾人的殷殷期盼時，

當我們稍稍地鬆懈了下來之時，

疲憊就趁隙埋進了身體的某處，很深很深的地方。

動也不動，再也不走。

等待著下一次我們脆弱無力、掉入情緒黑洞時，再張牙舞爪惡狠狠地困住我們。

我們都聽過「一將功成萬骨枯」這樣的話，雖然從來不敢自負為「將」，但至少也不要淪落為隨手就被扔掉的衛生筷、接過來就揉皺的廣告傳單。

是經歷一切努力後的徒勞無功讓人疲憊，不管是工作或是愛情。

藝術圈的歧視排擠，讓錦文遠離了，但天生辨別得出好作品的眼光，卻又讓她無法輕易地放過自己。

離開的日子裡，她總是在鄙視咒罵著藝術圈，但嫌貨才是買貨人，面對愛情也是一樣的道理。

經歷過的幾段愛情都圖不到一個天長地久的伴，雖然嘴裡總說著絕望、總說要放棄，但誰會對愛情真正絕望，並且完全的死心呢？

願意答應去相親，心裡自然還是抱著一些希望的，否則也不會新染了一頭棕紅色捲髮、套上高跟馬靴，讓自己美美的出門迎戰。

是做了些準備，卻又還不到心甘情願的地步。

不是甘心情願去相親的，總帶著不健康的心態，更不可能像日本人一樣積極樂觀、毫無羞怯感的面對「婚活」這樣的一件事。

錦文早就知道，面對沒有情愛基礎的關係自己有多不在行，否則當初跟帥氣、家境富裕又迷戀自己許久的亞倫也不會分手了。

即使答應了要相親，心裡還是有個不死心的聲音，小小聲的在說著：「或許，可以遇見不錯的、足以讓自己心動的對象。」

但，想像跟現實的出入，總是大到超乎預期。

這場相親讓錦文有一種被擺在拍賣攤位上，任人品頭論足的羞辱與挫敗。而且，還是那種百貨公司地下樓層的生鮮超市，過了晚上八點後的降價大拍賣，自己全身上下都張貼著「半價出清」，那樣紅底白字的醒目貼紙。

原來自己在別人眼中是這樣子的，只相配這樣子的男人。

更糟的是，連這樣子的男人也看不上自己。

居然被自己看不上的男人看不上，還有比這更糟的聖誕夜嗎？

當有人提議要幫妳「相親」時，最讓人挫敗的是，

妳原本是很有自信的，妳向來被盛讚有自己的樣子、能力夠強、生活優渥。

只是，當妳身邊沒有個伴，就容不進社會大眾的眼裡。

這個社會雖然由各種不同的人組成，但這些人之間有一種默契，自動架構出了一個既有的體系，自有的框架、與它的體制規範。

為了要融入這樣的框架與規範，女人常暗自要求自己要懂事得體，為了懂事得體，就會提早做很多很多各式各樣的準備。

最具體也最拿手的提前準備，自然就是服裝的採買。

錦文的一位客戶，從小就對喪禮執迷，尤其是執迷以遺孀角色出席喪禮。

她終其一生都在準備那一天的到來，她在米蘭買下黑色面紗、也在衣櫃裡蒐集各大名牌的黑色套裝，後來還添購了愛瑪仕的黑色凱莉包。

當一切就緒，完整了，事情才在很久很久的之後發生。

只是在事情發生的當天，她只穿上了最尋常的黑衣便褲，紮著簡單的髮型、素淨著一張臉在會場忙進忙出。

那個當年特意添購的凱莉包，早在籌措先生的醫療費時轉手賣掉了。

錦文出席了這場喪禮安慰著她的同時，看著眼前一身樸素的她，想起那些沒有派上用場、早早就備好的遺孀這個角色該有的服飾與配件。

她也想起了自己在26歲那年就買好的白色羅紗高腰洋裝，那是自己打算拿來當作孕婦裝穿的，不知道會不會有派上用場的那一天？

這世界上很多事都是這樣的，不是我們以為的以為，更不會朝著我們希望的方向前進。

以前的她渴望能夠與眾不同，現在的她，只希望自己可以過著平常人該有的生活與樣子。

她越來越常覺得自己當初應該要推開另一扇門，走入尋常人般的生活去過日子。如果當初這樣做了，那樣的社會規矩、人常倫理就會進入她的人生，她也會因此得到保護。

得到保護這樣的感覺對她來說，就等同於是幸福的感覺。

每當在《生活是甜蜜》書中，看到她浮現這樣的念頭，覺得自己當初應該要選另一條路走時，我腦中就會響起孫燕姿的歌聲：

如果是現在的我們 去走當時的路 有沒有可能 比較幸福

雖然她懷疑自己被社會眼光貶為「從正軌岔出的中年女人」，但在我看來，錦文其實有一種打從心裡產生的優越感，只是她自己不察覺、不去正視。

她總以為自己沒自信、總在嫌棄自己不夠好，她因為處於愛情的需求不被滿足的苦痛，而無法肯定自己、沒能真的喜歡自己，破壞了她的單身好日子。

小說中，錦文很少主觀聊到自己的外型，總是細細描述身邊人的外表，帶著讚許、羨慕的語氣。

而每個被她稱讚過外在的人一旦深論到個性，幾乎個個讓人難以忍受，包括每位前男友。

當妳覺得身邊的人都難以忍受，到底這是誰的問題？

在書的一開始也寫了，

錦文喜歡優雅，給人好印象，她希望她討厭的人說起她也只有好話。

她不希望當別人眼裡的壞人。

她就是那種總是提醒著自己要給人好印象，要懂事、要乖巧的女人。

凡事都要優雅，不強求、一昧退讓的態度反而惹火其他人。

又因為寂寞，她就算被欺凌了、被踐踏了，比起醜陋的真相，她更想要擁抱脆弱膚淺的友情。只要有人陪伴，寧願被不喜歡自己的人圍繞著，她也不要自己一個人。

這樣的她該說是咎由自取嗎？

這樣的她過得怎麼會開心呢？

因為一點都不開心，她才會開始猜想，如果當初做了別的選擇，是不是現在的生活就會是甜蜜的？

錦文的疑惑與困境也是我們每個人的疑惑與困境。

如果當初我選了別條路走,現在會不會比較幸福?

書裡沒有解答,答案要靠你自己去找。

別老用平行時空來安慰自己,我始終相信每一個決定的當下,都帶有自己當時的勇敢與自信。

就算是現在的我們去走當時的路,也不會比較幸福。

妳要了什麼樣的生活,就自然會犧牲另一種可能。

這就是人生的殘酷與有趣。

人生避免不了遺憾,但我們至少可以停止製造遺憾,製造自己想望的甜蜜生活。

非要歷經滄桑得到的，
才是幸福嗎？

你以為所有的打擊與挫折，都是衝著你來，並不是錯覺。
畢竟，這是你的人生、你是主角。

吳奇隆在他的婚禮上說：

「我也不止一次地埋怨過老天，以前覺得老天對我不公平，讓我經歷很多奇怪的磨難、不開心的事情，現在我明白為什麼，因為他把最好的留給我。」

這段話感動了許多人，當然包括他自己以及新嫁娘。

老天真的有這麼不公平嗎？

非要歷經滄桑得到的，才是幸福嗎？

會不會是因為在歷經滄桑之後，我們才懂了很多道理？

會不會是在我們都還年輕的時候，不懂老天給的好呢？

會不會是在我們都還年輕的時候，老是抱怨不懂開心？

年輕的時候，心中總有很多的憤怒，看見的總是很多的不順眼。

我們毫不遲疑地大聲批判，不輕易跟不合理的世界妥協，那時的我們以為讓步就是同流合汙、讓步等於自甘墮落。

我們以為憑著一身傲骨，就可以抵抗任何的不公不義。

帶著憤恨的情緒檢視所有發生在自己身上的事，當遇到了打擊尤其忿忿不平。

為什麼是我？為什麼總是我？

你沒有問過自己，為什麼不會是你？憑什麼不會是你？

難道你有比別人嬌貴經不起風雨嗎？

難道這一點點不順遂會了你的命嗎？

你以為所有的打擊與挫折，都是衝著你來，並不是錯覺。

畢竟，這是你的人生、你是主角。

當然要針對你，劇情才會夠精彩，你又不是活在別人的故事裡。

這是你的人生，路上的困難挫折本來就該是針對你而來。

正因為針對你而來，你才被迫在這樣的壓力下，逐漸熟悉了人生裡所
有的為難。

年少的你繼續帶著憤怒的情緒抵抗著全世界，這些年來，為了要變成
自己想要的形狀，跌跌撞撞的次數也沒少過。

你帶著一團怒火被丟進了人生這樣一個大烤窯裡，丟來撞去、四處碰
壁。慢慢的，你開始學著為了保護自己避免一再被碰撞，生成了一身
稜稜角角的模樣，漸漸變成了日本的金平糖。

只是，你沒有像金平糖那樣七彩繽紛或是外型可愛，你的稜稜角角固
然保護好了自己，卻也同時讓人難以接近。

帶著這樣的稜稜角角，你繼續在人生的道路上前進著，好像慢慢懂得
了一些生存的訣竅。那些保護著你卻也刺傷別人的稜稜角角，隨著長
大逐漸被磨去。

你開始比較懂了，所謂的妥協與讓步是一種待人處事的方式。

你還是可以有所堅持並不需要變得圓滑，堅持你的堅持，也體諒別人的為難。

這一路上你看見有些人因為不清楚自己的方向，一路懵懵懂懂摸索著，直到完全迷失。

還有些人更因為不懂得為自己做出好的選擇、不懂得拒絕別人的壞意，像棉花糖般一路不停地沾惹，還披上許多虛幻的色彩。

不論是該或不該的個性與想法，都把原本的他一層層包覆起來，直到完全不看見。

他不紮實的誇示自己、壯大自己，別人輕輕一碰，便足以戳破他的虛張聲勢。

你驚訝地發現，原來這些年的經歷，讓你越來越可以輕易就看穿一些人。所以，後來再出現於你生命中，並且把他們留在身邊的人，才會顯得更加難得。

你以為在歷經滄桑後，

好不容易才找到她，好不容易她才來到你面前。

其實，

她只是出現在你已經懂得珍惜的現在。

因為那些回不去的曾經教會了你太多，
才讓現在的你學到了什麼應該要珍惜。

人生並不是不停的趕路，不必急著趕赴到自己設定好的目標。
沿途有些風景非得要等到你願意停下腳步來，才能夠看得見。
當人生遇到了低潮，不論是生了場大病或工作不順心，都不見得是谷底。那只是老天幫你的人生按上了個逗號，他要你喘口氣，先放自己一個假。

祂要你停下腳步來好好想想，要讓你在經歷這些之後再多學會一些。
祂要你休息過後為自己人生接下來的句子跟篇章，寫出更好的未來。

不幸福強迫症

> 不再強迫自己一定要像別人眼中幸福該有的樣子，
> 以自己的節奏過日子就是她的最幸福。

很多人，或者說很多女人，之所以一輩子都活得很痛苦，那是因為她們心中始終住著一個少女，一個拒絕長大、賴著不走的少女。

少女對周遭事物的感受敏銳、對所有變動都無力抗拒與改變。
少女只想要感受到美與良善，卻殘暴被迫去正視人世的醜惡。
少女總能注意周遭事物所有細小輕微的變化，
像是樹葉的尾端開始泛黃了，於是第一片枯葉落下了。
她沈醉在踩過滿地枯葉時沙沙的聲響，卻在轉角被迎面襲來的冰雨給凍傷了。
當花苞在努力地掙出頭，當蟬緩慢地往樹上攀爬，少女都看見了、都感受到了。
當拋妻棄子的男子頭也不回的走了，當為了帶著孩子繼續活下去的母親捨棄了「當一個女人」的自覺，大人的殘忍跟堅毅兩個樣貌，毫不遮掩地在她眼前同樣被看見、都要她感受。
那時的她就知道，自己必須決定長大以後要成為什麼樣的大人。

但，知道跟做到是兩回事，理智告訴她必須如此，自己的行為卻常常反其道而行。
在長成大人的這一路上，她渾然不知自己被「幸福」這兩個字綁架了好久好久。

她日日夜夜努力，讓自己可以慢慢朝向別人眼中的「幸福」多靠近一點點。

她並不像別人所說的，總以為小時候的幸福很簡單。

她小時候的幸福不是一碗黑糖清冰、不是考了一百分的考卷、不是外婆的大紅包，或是隔壁班那個男生遞過來的情書。

她小時候的幸福是回到家不會看見被翻倒的餐桌椅、是母親不再為了生活費皺眉、是自己快快獨立自主不再是任何人的麻煩。

她從小就知道「幸福」不是件簡單的事，一定要很努力、很努力才可以靠近幸福多一些些。

所以她這一路上都很努力，唸書要拿一百分、工作要比別人強、戀愛也照公式去操作。她用名牌堆出品味，找文青感填出氣質。然而，試過的所有努力卻只讓她越來越無力、感覺自己離幸福越來越遠。

那個好不容易來到身邊的人，她會刻意惹怒對方。

覺得幸福的時候，她會開始等待不幸的到來，她壓抑不了自己，硬是破壞兩人幸福現況的衝動。

當一次次淚眼送走拂袖而去的背影，當一次又一次確定自己真的不能得到幸福，她反而有一種安心感。

因為大家都說幸福好難好難，

怎麼可能她會這麼簡單就擁有？

怎麼她可以在還沒有飽經風霜時就得到？

一次又一次的失戀讓她放心，自己終究是個得不到幸福的人。

就像大家口中說的那樣，幸福是一則遙不可及的都會傳說，必須付出慘痛的代價才能夠換得到。

有一陣子，她甚至還拼命Google，到底「幸福」的定義是什麼？

後來她累了，不再去計較比誰快樂，或是比誰更有成就。

她的心慢慢放開了，決定放了自己，好好真的開始生活。

她心中的少女還在，她還是感受到周遭事物所有細小輕微的變化，

樹葉的尾端開始泛黃了，於是第一片枯葉落下了。

她沈醉在踩過滿地枯葉時沙沙的聲響，卻在轉角被迎面襲來的冰雨給凍傷了。

當花苞在努力地掙出頭，當蟬緩慢地往樹上攀爬，她心中的少女還是看見了也都感受到了。

但，現在她明白了這是四季的轉換、是人生必須經歷的風霜。

當拋妻棄子的男子頭也不回的走了，當為了活下去的母親捨棄了「當一個女人」的自覺，大人的殘忍跟堅毅兩個樣貌，她現在都懂了、也都看盡了。

人生自當有該學會要殘忍的對象，但絕對不該是像拋妻棄子那樣的選擇，為了活下去不得不的堅毅，還可以有不同的取捨。

她終於找到了自己關於「幸福」的定義：
當這一路走來，人生的悲喜都嚐遍，終於找到了內心的平衡。
放慢腳步過著她想要的人生，用她要的方式，有她要的人陪，
不聽、不等別人評價，她給自己最滿分的滿分。
不再強迫自己一定要像別人眼中幸福該有的樣子，以自己的節奏過日子就是她的最幸福。

她也懂了，就算是已經很幸福的現在，還是需要一些練習：
練習讓自己習慣幸福、
練習讓自己懂得珍惜幸福、
練習不把擁有的幸福當作理所當然的存在。

愛情裡最美的樣貌是從容

> 不管到了幾歲的大人，一旦太過在乎，
> 還是可能一秒之間變回那個害怕玩具糖果被搶走的小孩。

當一段感情結束，當錯的人好不容易離開了之後，我們難免有時會莫名地怪罪自己，是不是自己做錯了什麼，才會遇見這樣的人？

並且，在這一次的失戀後養成了疑神疑鬼的性格。

曾經的錯，讓我們害怕了。

反而，在遇見對的人時立刻逃得遠遠。

因為在一開始時我們並不會明白，他就會是那個人。

妳放棄等待、拒絕再相信愛情。

妳把因為愛情受的傷通通怪罪給愛情，妳以為理所應當。

雖然不想再觸碰愛情了，但妳並沒有放棄讓自己好好去過每一天。

如果全世界的人都不愛妳了、如果全世界的人都不肯對妳好了，那有什麼稀罕的？

至少妳是會好好對待自己，也會好好寵愛自己的。

妳把日子越過越簡單、卻也越過越自在、越過越自己。

妳在經歷過了一個人也能過得很好的這些日子後，他居然出現了。

妳並沒有刻意讓自己引頸期盼、沒有刻意在這條路上等著誰，他就這樣出現了。

妳以為是在自己完全沒有準備好的狀況下，他卻出現了。

其實，正因為經歷過了這些日子，妳才能在這次愛戀中更顯從容。

對亞美來說，這一次她相當確定。

兩個經歷過許多故事、在情海浮沈多時的男女走在了一起，起初自然引來不少好奇的眼光。

因為自己心裡很確定，所以亞美相當積極主動。

對她來說，女生主動並不是什麼丟臉的事，更何況她相當確定老李就是那個可以一起終老的對象。

當朋友問起老李這段初萌芽的感情時，老李一貫輕鬆自在地回答：

「跟她在一起很好。我不管她、她不管我，相當有個人空間的戀愛。」

果然是見過大風大浪的兩個人啊。

朋友有點羨慕起這樣的關係。

不到兩星期的時間，朋友就聽說了兩人陷入冷戰。

因為，亞美開始過問起「為什麼前女友還會去老李的臉書按讚」這樣的事。

「都幾歲的人了，誰沒幾段過去呢？」

老李很無奈的說。

「我跟她要是適合就不會分手了，不過，就還是朋友。」

老李帶著一臉無辜解釋著，接著跟朋友乾了一杯，不想再多說。

對女人來說，

讓她介意的是那一段她還沒來到你身邊時，來不及參與的過去。

對女人來說，

過不去的是，在你心中是不是留著一個無法替代的位子給前任。

原來，不管到了幾歲的大人，一旦太過在乎，還是可能一秒之間變回那個害怕玩具糖果被搶走的小孩。

一旦確定自己心愛的東西都安好地在視線範圍內，小孩就會變回最美麗善良的天使。

但是，就像老李說的，都幾歲的人了，誰沒幾段過去？

都幾歲的人了，誰可以一天到晚都守在妳的視線範圍內，保證讓妳有安全感？

如果辦不到，難道你們要因為這樣虛無的原因分手嗎？

那些在妳心中蠢動的念頭、那些鬼祟的嫉妒來自於妳的想像，而想像來自妳那顆弱小的、哭喊著不要離開的心。

亞美原本以為這一次自己總算愛得很大氣、很大人，卻沒想到還是會介意這樣幼稚的小事。

她決心要守護這一段愛情，不能為了單薄無謂的面子問題、不能為了保有自尊而葬送愛情。

這是她經歷過了這些日子後，學到全新的戀愛戰力。

她決定把自己的不安說出來，讓對方明白。

經過幾天的冷靜，兩人面對面、坦白地把事情講開了，再次他們大人
的、從容的戀愛。

因為確定了我在你心裡，我的心就踏實了下來。

於是從容的愛你、從容的對待我們的愛情。

從容的還給你自由、還給你本就該你自己的時間。

因為這樣，

也還給自己自由，以及自己一個人的時間與空間。

原來，

愛情，不是為了把兩個人緊緊綑綁在一起。

愛情，是找到了彼此後，還要學會去放手。

當不再苦苦相逼著天長地久，海枯石爛就會成了我們的堅持。

看起來再簡單的事情，

都有不簡單的過程。

你以為別人的幸福很容易，

那是因為你沒經歷過他的不容易。

堅
土

You Don't Need To
Be Strong All The Time

強

04

運氣

你明白我有不能輕易放過自己的好強，

我懂得你偶爾也想停下腳步休息，

我們在自己人生的道路上，

以自己想要的速度前進，卻依然能攜手相伴。

人生最後一場戀愛

> 如果，跟你在一起的是那個對的人。
> 就算，他變了，
> 也只是變成了另一個對的人。

我真心喜歡韓劇《太陽的後裔》女主角的個性。

姜暮煙她會小心眼、會嫉妒，在職場上吃了虧，會理直氣壯去爭取。
雖然爭取過了還是碰了一鼻子灰，雖然在一蹴可及、功成名就的機會
來到時，沒辦法昧著良心的自己甚至還親手毀掉了一切可能，但她活
得理直氣壯，誰也不虧欠。

她不看別人的臉色過活，也不當任何人的麻煩。

當明爭暗鬥的手段比不過別人的下流骯髒後，她不會笑裡藏刀地跟對
方假意好好相處，再找時間扳倒他。

她不會忍住一時胯下之辱、臥薪嘗膽多年後，要你來個加倍奉還。

當嚥不下這口孬氣時就是嚥不下，她會明明白白的討厭對方、而且讓
全世界都知道這件事。

雖然明知道這樣的處理方式，不是大人該有的樣子。

雖然明知道這麼明目張膽的情緒，對於處理事情一點幫助也沒有，卻
還是忍不住這樣做了，多像你、也多像我。

這個世界根本沒有大人，只有一群被逼著不得不長大的小孩。

「口蜜腹劍」的道理我們都懂，但怎樣也做不到。面對討厭的對象，
我們的嘴角連動都懶得動，就算勉強擠出了笑容卻比哭還難看。

我們知道不能太輕易相信一個人，面對來意不明的陌生人必須要有戒
心，卻還是在別人需要幫助時，忍不住先釋出了善意。

不管被傷了幾次、被背叛過幾次，面對一張笑臉還是會先伸出了手。

就算最後被拉下了懸崖，在摔死之前，還在慶幸自己沒有失去幫助人
的善心。

她就是個有血有肉，生活在我們周遭、跟我們相似的人。

無法掩飾自己對名利金錢的渴望，但事到臨頭要出賣靈魂、換取榮華
富貴卻也辦不到。

在情場上敗給別人，羨慕長得比自己漂亮的人，甚至還偷偷討厭著
她。喜歡一個男人會老實說，不來那種讓自己受盡委屈，然後成全別
人這一套戲路。

她很清楚自己的優秀，明白自己的出色，但在愛情剛剛要開始的時
候，還是難免不安，在情敵出現時，也毫不掩飾的嫉妒著。在愛情面
前固然不會退讓，但更不會為了愛一個人而不要自己的夢想。

她太清楚明白，當初讓這個男人心動的自己，就是那個為了夢想賭上
一切的女人。

聰明的女人不會為了任何人放棄夢想、丟掉自己，那樣子的妳不會是
他當初愛上的模樣。

自然也不會是可以讓妳自己驕傲的模樣。

當覺得這段感情不適合的時候，她會忍痛主動提出分手。

事後當然免不了會難過，就算傷心流淚也不讓任何人發現。

怎麼可以承認，正在悼念自己一手結束掉的感情呢？

因為太清楚自己想要什麼了，所以，理智跟感情拔河時分外的痛苦。

因為太清楚自己想要的感情是什麼模樣，所以主動劃下了句點。

但，命運不肯放手，老天爺硬要插手這盤棋。

當再一次的相處過後越來越瞭解對方、也越來越喜歡上對方，更明白了對方的為難，而陷入了無比的掙扎。

掙扎又掙扎過後，姜暮煙敢於糾正自己的想法，敢於主動出擊，明明白白說出自己在愛情裡的恐懼，不必你猜。

這是她在這段感情裡最勇敢的時候。

因為更加瞭解了對方，她先是奮力改變自己原來的決定，接著勇於面對自己想法的改變，再明明白白向對方承認自己之前的錯誤，希望讓這段感情可以繼續下去。

兩個人相處得越久，要面對改變的機會只會越來越多。

「改變」是個複雜的名詞，它可能是負面的也可以是正面的。

剛在一起的時候，為了要好好相處下去會先經歷「磨合期」，這是正面改變的開始。改變不可能逼迫一個人背離他原本的個性，除非是發自內心、痛定思痛。

一開始的改變，可以改的是習慣、是對待彼此的方式。

但隨著在一起的時間越來越長，改變這件事的樣貌會開始變得模糊、

並且讓人害怕。

在《不一樣的婚禮又怎樣（Jenny's Wedding）》這部討論女同志婚姻

的電影裡，父親和當時還沒出櫃的女兒Jenny，聊到了經歷這麼多年

的婚姻他的感想時，說了這段話：

Everybody changes.

If you're with the right person and they change,

you meet the right person all over again.

每個人都會改變，

如果，跟你在一起的是那個對的人。

就算，他變了，

也只是變成了另一個對的人。

一段對的感情，一個對的人，勢必會一起走上很遠很遠的路。

而，在這段很遠很遠的路上，不只是他，妳也會改變。

不要害怕「改變」，

改變意味著兩人一起前進的力量，

改變意味著認識更多彼此的樣貌，

一成不變的相處模式，才是妳應該要害怕的。

說穿了，每個人想要的愛情本來就不必有多偉大。

我只想要可以天天跟你抱怨著：

想綁個馬尾卻連髮圈都沒有、那個靠後門當上教授的傢伙，今天又來我面前耀武揚威了……

我只是想要你專注聽著，聽著我叨叨唸唸這些微不足道的、愛計較的、小心眼的瑣瑣碎碎，如此而已。

最好的愛情是──

我們其實都可以在各自的生活裡，一個人精彩著。

但，因為你愛我、因為多了你看著我的眼神，我會更加耀眼。

這是我們的愛情，1+1大於2的道理。

當在各自的人生裡過得從容，當涉足對方的人生時，還多了自在。

當我們都清楚就算再吵、再鬧，這雙手都不會輕易鬆開對方。

當自己一個人能把日子過到最好，正是適合開始人生最後一場戀愛的時候。

你明白我有不能輕易放過自己的好強，
我懂得你偶爾也想停下腳步休息，
我們在自己人生的道路上，
以自己想要的速度前進，
卻依然能攜手相伴。

在愛情中學會單身

我可以為了我們的相處調整自己，
並保有最原來的我迷人的模樣，也是你當初愛上我的模樣。

「我是不是只能一個人過日子了？」妳說。

話才說完，眼皮像是跟肩膀一起垂到了地上。

「一個人」這三個字從妳口中說出來好悲戚啊。

老實說，我有點生氣。

妳知道有多少人羨慕妳現在自由自在的生活嗎？

妳知道有多少人卡在一段錯誤關係無法擺脫嗎？

妳真的知道一個人有多好嗎？

妳不知道。

為什麼不知道？

因為妳只想到──

他不要妳了、他離開妳了、妳再也不會愛上任何人了。

這些都是屁話，我坦白的說。

現在的妳不會相信，但我還是要告訴妳：

現在的無助、難過、孤單到要死，都只是過程。

在這樣死去活來的過程，前頭有兩條路：

繼續消沈一輩子、繼續自怨自艾浪費一輩子的美好人生。

難過他離開妳，妳被留下了。

或者是，

帶著傷痛，把每一天過好。

帶著傷痛，學著獨處，學會一個人過開心的日子。

我常說：

當兩個人都懂了一個人的好時，兩個人的好才能一直好下去。

我們每個人都是獨立的個體，

我們一生中每天的24小時不會都有人陪，

學會一個人過日子是人人必備的生活技能。

人生就是學習的過程，就算被分手、被留下，也是一種學習。

學習接受並不是所有的人都會愛妳，

學會知道妳給的愛並不是他想要的，

更學會在下一次的戀愛中好好去愛。

而現在妳的苦痛、難過、無助、絕望，通通都是妳必要的學習。

學過了這一回，妳就會更清楚的明白，傷心會在某天成為過去。

雖然現在的妳單身一人，但將來當有伴了之後，就算處在兩個人的狀態，也是一樣的。

妳要在愛情中學會單身，要在愛情中記得當初一個人是怎麼過日子的。妳要學會愛著一個人的同時，不需要犧牲奉獻什麼，愛自己才更重要。

妳要記住在愛情中，自己也可以獨立瀟灑，同時需要對方、依賴對方。就像貓，不管有沒有人在身旁都怡然自得，從容美麗，一旦開始撒嬌總讓人無法抗拒。

也像《自殺突擊隊（Suicide Squad）》裡的小丑女哈利‧奎茵（Harley Quinn），愛得黏膩卻又瀟脫，愛得深刻卻又自在。就算愛到可以因為小丑的一句話，沒命地跳下了化學藥劑池水裡；但是當兩個人分開了，當小丑不在身邊時，她依然邪惡迷人、風情萬種。

在這部電影中，小丑女出場時，背景音樂開始唱起了〈You don't own me（我不屬於你）〉。

And don't tell me what to do,

And don't tell me what to say.

不要告訴我要怎麼做，

不要管我該說什麼。

Don't try to change me in any way,

You don't own me.

不要試圖改變我，

我不屬於你。

So just let me be myself,

That's all I ask of you.

就讓我做自己，

這是我對你唯一的請求。

雖然愛著你，我依然保有我自己，我是自由的個體。

我可以專注地愛你，也專心繼續做我自己，並不會因為你而勉強改變自己。

我可以為了我們的相處調整自己，並保有最原來的我迷人的模樣，也是你當初愛上我的模樣。

愛情裡的單身，

不是要保住自我的身價，繼續馳騁沙場取得更多對象的愛。

愛情裡的單身，

不是要欲擒故縱、刻意激發對方的不安全感，讓他更離不開妳。

愛情裡的單身是，

愛不愛你我自己決定，因為愛你這麼愉快我打算繼續下去。

愛情裡的單身是，

不指望誰是妳的救贖，妳就是自己揮舞寶劍屠龍的王子。

愛情裡的單身是，

就算是一個人也能走得夠遠，

但兩個人一起就有可以分享沿途美麗風景的對象。

妳要在愛情中學會單身，不會因為他不在，生活就沒有重心、變成廢物。妳要讓他在愛情中保有單身，保有他單身時的興趣、兄弟、生活品質。

因為心裡踏踏實實擁有他的愛，妳知道自己可以走得更遠，就算有的時候他不見得會在妳的身邊。

再愛一個人，也要留給對方單身般的自由與空間，這樣的自由與空間也是留給自己的。

愛上妳是失控的意外

> 他不是故意對妳說話特別大聲或冷淡，
> 是因為面對妳，他就不再像原來冷靜的自己。

有些男人臉上總是面無表情，他們的情緒走在一直線上，沒有什麼喜怒哀樂，很少有人看見他的感情波動。

他不好親近，臉上很少會有笑容，看起來總像是在生氣卻也沒聽說過什麼暴烈行為。

他對人還算客氣，總會維持基本的禮貌，你不會覺得他傲慢，卻給人一種生疏的距離感。只有在偶爾看見他的靦腆笑容時，才明白原來他本性是良善的。

他總是不遠不近、不讓人多知道關於自己的事。

就算認識了好多年好多年，也不太會知道他喜歡什麼、童年過得如何，甚至家裡有幾個人、住在哪裡。

他寡言、很少談論自己，他獨來獨往，從小到大往來的朋友就是那幾個。他不是壞人，對人保持距離一方面是懶得交際，更是因為曾經被狠狠地傷過。

這樣的男人在情感表達上有一定的障礙，真要追究起來，不僅僅是因為從小到大的環境裡，身教或言教都沒有人告訴過他「如何去愛人」，恐怕曾經歷過的傷痛才是讓他緊閉心門的最大原因。

為了避免受傷，他已經養成了一種習慣：把善意降低、把敵意放大。
當發現自己想要對人付出就會下意識收斂，

不讓自己表達出原本百分之百的善意。

當感覺即將遭受攻擊，他會啟動敵意加以放大，用更兇狠的表現跟言語喝斥、逼退對方。

他習慣了以對方的反應當作基準點，去調整自己言行舉止，決定放大或收斂情緒。久而久之，也就忘了聽聽自己的心怎麼說，他忘了問問自己的心想要怎麼做。

他不讓自己最真實的情感表達出來，他認為那是軟弱的元兇，是不被允許的。

他會說些狠話或不耐煩的語氣來替代原本關心的話語，他會不多解釋就粗魯地伸出援手，不期待任何人的感謝。

愛上這樣的男人是痛苦的，一旦面對了愛情，他只會更加不知所措。

他不是故意對妳說話特別大聲或冷淡，

是因為面對妳，他就不再像原來冷靜的自己。

他之所以總是插手管妳的事，

是因為他就是會注意到妳、沒辦法不管妳。

他邊處理著妳的麻煩、又邊說妳是麻煩。

不是因為他不耐煩，而是——

如果不這樣做，他的嘴角會止不住地上揚。

他不認得這樣陌生的自己，愛上妳對他來說是失控的意外。

愛上這樣的男人之所以痛苦，是因為一開始妳會在他反反覆覆的表現
裡，心情跟著上上下下。

他跟自己抗衡著，抗拒著愛上妳卻又控制不了自己愛上妳。

但不擅長表達情感的他，自然是無法在短時間內把這樣矛盾的情緒化
解開來的。

他會突然不可抑制地熱情，卻又急急忙忙把妳推開。

一直到他跟自己好好溝通完畢之前，都會讓妳因為搞不清楚他的心意
而飽受折磨。

女人不是不領情，也不是不懂得你對她有多好、有多特別。

**只是，女人需要聽見你的解釋、你的保證，好讓她自己知道不是會錯
意、自作多情。**

畢竟，當初能夠有多溫柔，後來的冷漠就會有多傷人。

如果，妳願意繼續為他等待，

如果，妳可以再給時間忍耐，

在他完全說服自己之前，在他能夠敞開心胸之前，就好好欣賞他只對妳的專屬霸道吧。

霸道，正是這類男人不懂修飾的溫柔。

老套戀愛情節之必要

> 我們這些暗暗嘲笑著偶像劇裡的戀愛劇情，
> 卻又被那樣的老套給感動的老派人，才是最難搞的一群。

週一的一大早，小艾跟阿仁一前一後排在辦公大樓大廳長長的人龍裡，依序等待著搭電梯進公司打卡上班。

「我昨晚看了三集的『朝5晚9』，還蠻好看的耶～」阿仁說。

同樣身為日劇迷的兩人，興奮分享著最近的觀劇心得。

「但，我同時也覺得自己很糟糕，這麼老套的劇情居然會吸引我！」

聽他這麼說，原本打著哈欠的小艾大聲笑了出來，引來了排隊人群裡一些好奇的眼光。

「ㄟ～我的感想跟你一模一樣！」

兩人開心地High Five。

「我覺得自己是不是把標準降低了，明知道和尚被誤會後接著的劇情，一定會是他又做了什麼老套的、感人的事於是誤會解開，但我還是哭了！」

她一講完，阿仁也忍不住哈哈大笑。

「對！！！居然被那樣老套俗氣的愛情給感動，我們完蛋了！」

阿仁開玩笑地下了這樣的結論。

他們熱烈討論著的是一部日本偶像劇《朝5晚9》，故事情節設定很吸睛，女主角櫻庭潤子是一家英語會話學校的講師，最大的夢想是可以

到海外生活，所以總是拼命爭取所有可能調派到紐約總公司的機會。
只是，人算不如天算，就在她快滿29歲的這一年，被頻頻催婚的父母
安排跟一位和尚相親，而且和尚居然對她一見鍾情，非她不娶。

這雖然是一部依照暢銷漫畫改編的偶像劇，但在日劇角色的設定上跟
原著截然不同。在劇集裡，女主角潤子是個單純沒什麼心眼，更是沒
什麼戀愛經驗的女孩，甚至對身邊暗戀著她的人釋出的善意，也常常
感受不到。

年輕帥氣、多金的和尚，由山下智久飾演，因為從小生活在嚴厲的教
育體系下，讓他很壓抑自己的情緒，喜怒哀樂總不形於色。

就算是面對自己喜歡的對象，也不知道什麼樣的舉止行為才能正確傳
達自己的心意。

為此鬧出了不少笑話，更讓潤子相當困擾。

男主角的設定很符合愛情羅曼史小說男主角必備的：有錢、帥氣、霸
道卻專情。但這部偶像劇之所以讓小艾跟阿仁這一男一女都覺得好
看，卻不是因為這個原因。

每當看到帥氣和尚對潤子說出一些像這樣的台詞：
「認識了妳之後，我的人生變得一團糟，我不知道自己到底怎麼了。」

「沒有妳不行，妳一定要陪在我身邊，妳不在身邊我什麼都做不了。」

「我離不開妳了，我只要妳，換做別人都不行。」

不管是在情場征戰了多久、傷過人也被傷過多次心的男女們，就被這些俗氣、老套的對白給感動了。

這麼坦白赤裸的話，現在的人不說了。

現在的人不這樣談戀愛了，現在的人不談這樣老套的戀愛，不說這些老套的戀愛話術，更不會安排老套的戀愛橋段了。

現在的人不再像李維菁的《老派約會之必要》書裡所寫的：

「帶我出門，用老派的方式約我；

在我拒絕你兩次之後，第三次我會點頭。

不要msn敲我，不要臉書留言，禁止用What's App臨時問我等下是否有空。我們要走很長很長的路，約莫半個臺北那樣長，約莫九十三個紅綠燈那樣久的手牽手。」

現在的人談戀愛前，要先確定自己不會受傷、先保護自我顧及顏面。

現在的人不能接受第一次邀約就被拒絕，一旦被拒絕就會立即放棄。

現在的人曖昧了幾天就要在一起，無法成功在一起就儘快換人曖昧。

現在的人不會為了對方奮不顧身、沒耐心慢慢跟對方磨出一段愛情。

只存活在偶像劇裡那樣老套的愛情模式,才是愛情該有的樣貌,只是現在的人不這樣談戀愛了。

現在的人用動畫貼圖傳達愛,用免費視訊見面,善用這些方便的工具拉近兩人的距離。

卻也因為短時間就把距離拉到太近,取代了用長時間慢慢醞釀的溫度,因而輕易地扼殺了愛情。

而我們這些暗暗嘲笑著偶像劇裡的戀愛劇情,卻又被那樣的老套給感動的老派人,才是最難搞的一群。

我們搞不定自己,在已經不相信愛情的年代裡放不下老套卻又渴望創新,不管是老派或新潮,就連場戀愛都談不了。

赤名莉香的白色大衣

> 如果他總是在雨天時讓妳獨自撐傘，
> 那他根本不配在晴天時擁有妳燦爛的笑容。

《東京愛情故事》問世25週年之際，原著作者柴門文打算繪製續篇的消息一出來，在我周遭的朋友之間引起了不小的震撼。

大家的記憶一下子被拉回到25年前，那個剛剛接觸日劇、剛剛嘗試著想要搞懂戀愛是怎麼回事的年紀。

當年，妳是不是也好想擁有一件赤名莉香的白色大衣？

那年，你是不是也真的買了永尾完治的淺卡其色風衣？

在我們都還那麼懵懂的年紀，想要成為什麼樣的大人、想要談一場什麼樣的戀愛，連自己都還不是那麼地清楚。

於是，莉香跟完治輕易就盤據在我們的大腦，左右我們的思想行為，不管是他們穿的、用的、吃的、說的、愛的。

我們本來以為，當個上班族就是得打扮成像他們那個樣子，把西裝套裝穿在裡面再套上大衣。

後來，我們才發現在台灣這樣的地方，淺色的大衣不但容易髒，而且對氣候濕冷的北部來說並不是太保暖。

我們本來以為，愛一個人就要像莉香那麼熾熱、專一，委屈的眼淚要往肚裡吞、只能給對方看到自己最燦爛的笑容。

後來，我們才知道專一是必要的，但，熾熱的愛是無法燃燒一輩子的。

一輩子那麼漫長，在兩個人相處的日子裡總不可能天天放晴。

如果他總是在雨天時讓妳獨自撐傘，那他根本不配在晴天時擁有妳燦爛的笑容。

完治，你喜歡東京嗎？

莉香帶著一貫的燦爛到，讓完治睜不開眼的笑容問。

喜歡呀～但愛媛比較適合我。

完治又是一貫愁苦的表情，用他滿腹心事說不出口的樣子回答。

這樣兩句看似生活的對話，卻簡單讓我們明白了「相愛容易相處難」的道理。

你喜歡白色大衣嗎？

喜歡呀～但是黑色更適合我。

因為黑色耐髒耐看，就算每次穿起白色總被人誇好看，但我卻一天到晚提心吊膽著會弄髒它。

莉香呀～妳的笑容很美但太燦爛了，我覺得刺眼。

莉香呀～妳給的愛很暖但太熱烈了，我覺得沈重。

愛情對完治、對每個人來說，都是人生很重要的一部分，但就只是一小部分。每個人的人生同時還要被切割成許多部分，現實的人生就是沒辦法只奢侈地享受著愛情的甜美，而不去理會其他方面的苦澀。

人生還包括了試圖在大都會生存下去的壓力、現實與夢想的抗衡，以及許許多多連說都說不出口的孤單心事。

後來的後來，在故事最後的最後，當莉香選擇了搭上前一班的電車離開，她已經為向來猶豫不決的完治做出了最好的決定。

而這麼多年後的我們，在大衣的顏色、陪伴在自己身邊的人，種種選擇之間掙扎過了幾回，終於在一次次的錯誤又再去嘗試後、終於在犯過的錯夠多了之後，我們搞懂了愛情與生活的顏色。

終於，在那個想要好好去愛、也可以一起相處下去的人出現時，我們懂得了應該要留在彼此身邊。

在年紀越來越大了之後，容易覺得自己越活越回去。

日子會越過越緩慢，開始在意起過生活該有的痕跡。

像是，好不容易可以放空的假日早晨，慢慢準備一頓早餐，捧著冒著煙的奶茶，慢慢喝下的那第一口，就是療癒一整週疲憊的配方。

還有，為了不想去到人多的地方，只好克服了懶散，簡簡單單地下廚餵飽自己，卻意外地在慢慢烹調的過程中，也抒解了許多壓力。

開始慢慢懂得生活，或者是說，在意起生活該有的痕跡後，當選擇起屬於自己愛情的顏色、談起戀愛時，腳步自然也是慢慢、慢慢的。

該說是害怕再受傷嗎？

你自己是知道的，

比起受傷，你更害怕兩個人在一起之後的不自在，

怕一個人的愜意被兩個人打壞，

怕一個人的安靜被兩個人搞砸。

而事情的後來，遠遠超出了你能想像的，

原來，真的會有那樣的一個人就算安安靜靜陪著，也不會讓彼此感到尷尬。

原來，真的會有那樣的一個人在一旁各忙各的，也不會感覺被忽視或冷落。

原來，不必擁有像是赤名莉香或永尾完治那樣人手一件的大衣，只要是可以讓你穿得舒適、還保有自己原來的樣子，並擋得住外頭淒風苦雨的外套，可比什麼都來得重要。

信號裡的曖昧信號

在我衝撞得遍體鱗傷後為我抹去淚水、包紮傷口，
依然不會阻擋我的去向、支持著我的堅持，
才是一份夠尊重我的愛情。

《信號（Signal）》被許多人封為年度必看韓劇，討論的熱烈程度不
亞於轟動全亞洲的浪漫愛情偶像劇《太陽的後裔》。

這部韓劇被大力推薦的原因，除了劇情精彩緊湊、畫面精緻直逼電影
之外，還包括深入討論社會相關議題的用心。

而我卻在追完劇後，為戲中年輕的男主角朴海英不被回應的感情落寞
不止。

這部眾人口中的神劇是一部科幻穿越推理劇，故事描述一位擅長心理
分析的罪犯側寫師朴海英，被發派到以女主角車秀賢為首所組成的特
別小組，負責偵辦南韓多年無法破解的懸案。

他在因緣際會之下拾獲了一支舊式對講機，更加不可思議的是，居然
藉由這支對講機，跨時空聯繫上了15年前的警界前輩李材翰。

當時的李材翰還是個年輕莽撞，為了破案常常不惜頂撞上司的熱血警
員。

透過這樣科學上無法解釋的溝通途徑，他們一起聯手破解了多起警界
塵封許久的懸案，兩人之間建立起深厚的信賴感。

女主角車秀賢是李材翰的後輩，15年前的她剛進警界，總是淚眼汪汪
的跟在他身後。

15年後的她已經是可以獨當一面的刑警。別說眼淚了，連笑容都很少
看見，在同事眼中她就是個女子漢。

在前幾集中，編劇曾經輕輕點出了車秀賢跟朴海英兩人之間的曖昧情愫，但這樣剛剛燃起的火苗，在他得知車秀賢對李材翰的感情後嘎然而止。

車秀賢、朴海英兩人一開始的水火不容、互不信任，在日以繼夜聯手查案的相處中慢慢瓦解，取而代之的是深深的羈絆、生死與共的革命情感。

除了這些工作夥伴必定會有的感覺之外，在他的眼裡，車秀賢不只是個火裡來刀裡去都面不改色的資深前輩，還是個女人。

只有他，把她當女人看。

當男人感受到對方是異性時，就是對她感情萌芽的開始。

因為意識到她是女人，在你眼裡，她就已經不是任何一個誰，你會對她產生心疼、捨不得的情感。

在車秀賢一次次不顧自身安危受了傷之後，他會忍不住說：

「女人的脖子怎麼可以傷成這個樣子？」

另一次在破了個大案子後，不忍心臉上受了傷的她還要拖著疲憊的身心回辦公室寫報告，朴海英又霸氣地挺身而出幫她解憂，臨走前還不忘提醒：

「臉上的傷記得擦藥，要按時吃飯也要記得休息。」

自己一個人回到辦公室後，把玩著幫車秀賢準備的去傷疤藥膏，卻怎麼樣也送不出手。

甚至，在面對她家人的使喚也總是耐心地一一回應。

他這份感情車秀賢不是沒有感覺到，好幾次她的臉上都閃過壓抑著驚訝的神情。

只是，女人天生就是沒有自信的物種。

對自己身材永遠不滿意、面對工作家庭永遠戰戰兢兢、更別提面對愛情這個選項了。

她怎麼敢相信眼前這個男孩會對自己有特別的情感？

雖然，自己對他除了信任，好像也越來越依賴了。

陷入這樣的狀況裡，女人到底該如何選擇？

該選在天真浪漫的年歲裡遇見的讓妳心動的男人？

還是那個看穿妳藏在堅強下的柔軟跟脆弱的男孩？

會遲疑迷惑是難免的吧？

畢竟，等待男人已經成為了妳一個難以根除的習慣。

他是妳最初的心動，他見過愛哭的妳，他懂得妳的不服輸。

對妳來說，他是妳總在仰望的、高高的那片天。

那時的妳夢不太大，在他身邊就是妳想要的全世界。

見到他，妳就回到了當初的自己。

那個傻氣、不懂得人心險惡、容易心軟，
還沒學會用兇狠去偽裝自己的女孩。

而如今這個年輕的男孩卻輕易地、一眼就看穿了現在這樣的妳。
看穿妳再沒把握也不會輕易退讓的倔強，
看穿妳的堅強是跟脆弱並存的強大盔甲。
只是，在明白妳15年的等待後，他收回了自己對妳的情感。
在自己連命都快不保的時候，還提醒著妳一定要把男人給救回來。
那樣的堅持不光只是男孩跟男人之間未曾謀面的友誼，更因為他懂得
失去心愛的人的那種絕望。
就像他當初曾經失去妳。

我不是車秀賢，不能代替她決定她的人生。
我只知道對女人來說，懂得保護我的軟弱固然讓人心動。
然而，在我衝撞得遍體鱗傷後為我抹去淚水、包紮傷口，
依然不會阻擋我的去向、支持著我的堅持，
那才是一份夠尊重我的愛情。

現在的女人要的是一份平等的愛情，沒有誰弱誰強。
你明白我有不能輕易放過自己的好強，

我懂得你偶爾也想停下腳步休息，

我們在自己人生的道路上，以自己想要的速度前進，卻依然能攜手相伴。

如果《信號（Signal）》還有續集，不知道朴海英的這份心情是不是能夠得到回應？

聽艾莉說故事

再愛一個人，

也要留給對方單身般的自由與空間，

這樣的自由與空間，

也是留給自己的。

誰是你的不可或缺

> 明明知道對方不可能改變，還是要試著磨合，
> 找到可以互相接受的角度再一起過下去，
> 這才造就了一段感情的難得與不可替代。

會想看韓國電影《愛上變身情人（The Beauty Inside）》，是因為劇情發想的實在太有趣。

男主角禹鎮在十八歲那年的某天，一覺醒來發現鏡子裡一張不認識的臉孔正瞪大了眼睛，看著鏡面反射到自己眼中的那個陌生人。

只是經過了一個跟平常沒什麼兩樣的普通夜晚，他外表就突然變了，變成了一個連自己都不認得的陌生人。

何其讓人心慌的巨變，分明這個陌生的軀殼裡裝著的還是原來的自己。而且，這個謎題無解，你只能無助地眼睜睜看著自己一天天無法預期的變化。

如果劇情的設定只到這裡，那就跟其他變身電影沒有差別了。後面的發展頂多就是他要克服新的臉孔，然後某天找到真愛之吻（通常解藥都是這麼設定的）就可以回到原來的自己。

但這部電影的劇情不走這一套，禹鎮的臉每天都在變，身體、性別、就連國籍也是，在他閉上眼睛睡著之後的隔天，都會變成一個跟前一天不同的模樣。

世界上有兩個人知道他這個秘密，一個是媽媽、一個是小時候的好朋友在誤打誤撞之下發現的。

因為這個秘密，他足不出戶越來越孤僻。

但所幸他是一位家具設計師，從設計施工到完成都可以自己搞定，不假手他人，至於銷售就交給了好友全權處理。

認份過著深居簡出日子的他，有一天卻動了心，愛上了常去的家具店店員李秀。每天都會換一張臉的他，連明天的自己會是誰、是男是女、高矮胖瘦、說著哪個國家的語言都不知道，怎麼去告白？
又如何讓別人愛上這樣不確定的一個自己？

後來，他們的愛情故事當然還是發生了，因為他沒有放棄嘗試，並且相當地努力。
但，當我們把這詭異的狀態轉到女生的角度去思考時，就會明白談這樣的一場戀愛，對女人來說難度有多高。
首先，最重要的安全感，到底該怎麼辦才好？
李秀說的一段話，道出了在這段戀愛關係中她的為難：
「記得他說過的每句話、一起去過的地方、餐廳，卻記不起他的臉、他的微笑。」

他像孩子般的笑、他熟睡時放心的神情、他有心事時兩眉間會擠出的皺紋，這些畫面當他不在身邊的時候，都提供著妳養分，讓妳思念並壯大你們的愛情。

如果，每天都要重新去適應與熟悉身邊人的外在。

那麼，安全感到底要從何而來？

妳永遠不知道他明天會是什麼模樣，該要如何能忍受一個自稱是妳男人、對妳來說卻是完全陌生人的親暱接觸？

就算他只是想要牽起妳的手。

這樣的愛情，光是想像就太難、太難。

在親眼目睹禹鎮面容如何變化的那個清晨，李秀驚嚇到匆匆忙忙離開回到自己家中，接著疲累到沈沈睡去。

這些日子裡努力壓抑了內心的不安，鼓起勇氣接受這段愛情，卻成了大家口中每天都跟不同男人見面的女子。

外在壓力造成的睡眠不足，影響了她原本優秀的工作表現，也被旁人解讀成「私生活太過精彩」這樣諷刺的流言。

在終於知道她的壓力後，禹鎮選擇離開。

我們總是這樣的自以為是，任由自己的想像解讀他人的情緒與人生。

我們總是這樣的自以為是，用認為自己是為了對方好的方式去愛人。

吵架時，我們總會氣到希望這個人馬上消失，希望他的缺點可以變不見。

但這些讓人難以忍受的地方，也正是構成這段感情的其中一部分。

除了最簡易入手的欣賞，兩人的相處更難的是包容。

明明知道對方不可能改變，還是要試著磨合，找到可以互相接受的角度再一起過下去，這才造就了一段感情的難得與不可替代。

要怎麼知道對方是不可缺少的陪伴？

要怎麼知道他就是那個妳在等的人？

當妳發現他那些讓妳難以忍受的缺點，在他離開妳身邊之後，都不足掛齒了。

少了他在身邊的難受，比起那些讓妳氣到冒煙的缺點，還要痛。

答案，早就透過心痛傳達給妳了。

離開，是相對容易的決定。

留下，要面對的更多更難。

但是，當你們可以一起經歷了那些更多、更難，就會知道對方是自己的不可或缺。

談戀愛的好運氣

> 相較於工作的努力，可以見到的實質回報；
> 而戀愛帶給人的無力與無奈，可說是大上千百萬倍。

熱到讓人失去任何多餘念頭的夏天，一大早繁忙的街頭塞滿了認命的
上班族。

小夏是其中一個。

雖然說名字當中有個「夏」，並不代表她喜歡夏天或者她特別能適應
夏天。

從住處走到捷運要花上15分鐘的時間，雖然一身汗、還會被曬到頭昏
腦脹，但，那卻是一段安靜的時間，可以聽自己想聽的音樂、看著一
成不變的街景放空。

這天一大早的溫度就直逼35度高溫，距離捷運站只剩5分鐘不到的腳
程。走到六線道的路口，等著可以直行的綠燈亮起前，她躲到人行道
的樹蔭底下拿出手帕擦著汗。

此時，耳機裡傳來號稱療癒系的女歌手，聲嘶力竭唱著因為有她瞭解
妳的孤單，妳永遠不會是一個人的歌曲。

小夏想起前兩天她高齡產子的新聞，那一刻，深深地覺得她背叛了所
有人。

至少，背叛了一直喜歡著她的自己。

一直以為她懂得自己，懂得那種已經準備好「自己一個人活到老」的認命。

一直以來也因為她歌聲裡，那份對孤單蠻不在乎的倔強，給了自己好大的力量努力一個人生活著。

但原來，女歌手一直有個固定交往的對象，兩人不但在去年結了婚，現在連孩子都生了。

女歌手以一種像是趕著要跟誰炫耀的決心，光速般往前衝，邊閃動著企圖讓她瞎眼的光芒。

「幹嘛！急著跟誰交代呢？」

小夏惡狠狠地想著。

她突然覺得有點煩躁，不太確定是不是因為大大的太陽，正透過樹葉縫隙照得她睜不開眼。

今天出門太匆忙了，居然忘了戴上太陽眼鏡，她不開心的扁了扁嘴，邊安慰自己等等鑽進捷運裡就沒事了。

這時，與她前進方向垂直的信號燈就要轉變，黃燈正滅，而紅燈順勢亮起。

這時，就在音樂的停歇瞬間，她聽到一串長長的、刺耳的金屬摩擦聲，透過耳機模模糊糊闖進她耳中。

發生了什麼事？

她直覺反應轉頭往左看，只看見一輛摩托車正緊急煞車停在距離她不到一公尺的位置。

這是什麼狀況？！

眍在她眼前的是機車駕駛一張慘白慌張的臉，這個年輕女孩嘴型正驚慌失措的不停說著什麼，還邊低頭向她鞠躬。

原來一心一意想闖黃燈衝過馬路的她，要不是煞車煞得快，差那麼一點點就會撞上分明好好站在人行道上的小夏。

在毫不知情的狀況下，自己在鬼門關前繞了一圈又被丟了出來，莫名其妙身陷險境又逃過了一劫！

意識到這件事後，小夏這才驚嚇到手腳無力。

驚魂未定的她強打起精神，緩慢移動走到捷運站裡，進了車廂找到位置坐了下來。

自己算是個好運的人吧？

她開始胡思亂想了起來。

認真回想，總像是有個守護天使默默保護著自己，逃過了好幾次生死驚魂的瞬間。

但，也可能因為這樣，有得必有失。

當人生的運氣都用在避開危險上，自然就不會有談戀愛的好運了吧？

雖然從小桃花就沒有斷過，一路走來，好像不乏愛慕的眼光或是追求，但這樣就算是好的戀愛運嗎？

旁人總覺得她不缺戀愛對象，但她很缺，天知道她還真的是缺。

戀愛跟工作都需要絕大的努力，對她來說，努力工作是個不會背叛她的選項，也保障了她的自給自足。

但是相較於工作的努力，可以見到的實質回報；而戀愛帶給人的無力與無奈，可說是大上千百萬倍。

撇開可以找到看順眼的對象，種種的困難不提，就算是好不容易找到了，兩個人也都願意好好認真的相處與交往。

但，並不是兩個夠好的人，就可以擁有一場夠好的戀愛。

小夏覺得自己相當需要談戀愛的好運氣，卻不知道這樣的好運，可以在哪個網拍或保證24小時到貨的購物中心買得到。

如果能夠像浮士德一樣，在命運被改變的那一天，遇上了惡魔賊賊的出現，還用陰森森、怪腔怪調的語氣對她說：

「我可以給妳談戀愛的好運氣，但要用妳的良心來交換⋯嘿嘿嘿嘿⋯」

她應該會毫不遲疑選擇當個沒良心的傢伙，來交換這一輩子還不曾有過的戀愛好運。

但，偏偏她是個連遇上惡魔這樣的運氣，都不會有的傢伙。

她滿意現在的生活，經濟獨立，日子也過得夠精彩。

當然會寂寞，但時間卻又被朋友跟一堆想做的事情佔得滿滿滿。

夠愛自己，卻也需要被男人盲目的寵愛與不理性的讚美。

偶而感覺脆弱，面對無力解決的生活瑣事，會讓她沮喪到掩面痛哭。

但，她同時也夠理性的知道——

一個男人並不是可以幫忙打開柚子茶玻璃罐，或面不改色收拾小強，就可以讓人愛上他，甚至讓兩人開心的過上一輩子。

可以攜子之手與子偕老有多難她都知道，也自認為準備得夠好了。

現在，她只希望自己的勇敢可以撐到談戀愛的好運氣發生在自己身上的那個時候。

她始終沒有放棄，也一直還在期待那樣的戀愛好運：

突然認識了一個人，在還搞不清楚相處的訣竅之前。

兩個人已經開開心心、傻傻牽著對方的手，好好地過了一輩子。

堅壁

You Don't Need To Be Strong All The Time

05

自己

名片只是一張薄薄的紙，
當你不在那個位置後，
真正還看得到你的人有幾個？
人生才是你一輩子的志業，
而工作只是這份志業當中的一小部分。

名片只是一張薄薄的紙

> 人生才是你一輩子的志業，
> 而工作只是這份志業當中的一小部分。

因為對自己不滿意，我們鞭策著自己要不斷努力。

因為對自己有要求，我們為了更高的頭銜而拼命。

在工作這麼多年後的現在，你是否曾停下腳步來想過，

對你來說，人生真正重要的是什麼嗎？

你開始工作了幾年，很多狀況已經得心應手。

面對重大客戶，你成了指定窗口，因為他們都覺得同事之間，只有你聽得懂人話。談判桌上的凝重氣氛再也嚇不了你，談笑之間，你已經可以輕鬆搞定任何案子。

回想起以前那個光是遞個名片，就搞得手忙腳亂的自己，你忍不住啞然失笑。只是，當時就算天天都慌慌張張著、卻什麼都不怕的那個年輕人，讓現在的你相當想念。

那個什麼都還沒學會卻天不怕地不怕的年輕人，面對任何狀況最常掛在嘴邊的一句話就是：

「沒試過，怎麼知道不行呢？」

然後，他就跌跌撞撞地去試了。

現在回想起來，你總是滿滿的感謝。

年輕時候的自己是相當幸運的，順利過關了幾回，雖然更多的時候，還是免不了橫衝直撞到頭破血流。

但那時候的你什麼都不怕，那時候的你只怕自己沒有機會可以去試。

不知道從什麼時候開始，你離那時的自己好遠好遠，遠到自己都看不見了。

現在，就算是閉著眼睛也能輕輕鬆鬆把事情辦好，現在的你憑著慣性過著日子。

你突然想念起那時橫衝直撞的自己。

只是，你更加喜歡現在的從容自在。

工作不再是生活重心並不是因為太過疲累，是因為你學會了調整。

工作本來就不是人生的全部，就像戀愛也不該是人生的全部一樣。

人生才是你一輩子的志業，而工作只是這份志業當中的一小部分。

你在20歲時無所畏懼地勇往直前，在30歲因渾身是傷而變得憤世嫉俗。在這幾年間，你談了一些戀愛，自私地以為受傷的都是自己。

後來才明白了，

只要真心付出過，不管先離開的是誰，沒有人的心裡沒有傷。

到了40歲，你終於學會放慢腳步享受成長的疲憊、接受自己的無助，感覺生活的重要在於跟真正重要的人過好每一天。不是因為敵不過現實的妥協，是你真真切切的在這麼些年努力過後，得到的體悟。

在職場上努力了太久，在重要的位置待了太久，會讓你放大了自己的重要性。

你始終沒有忘記提醒自己，

在剛剛站上高位時，讓你變得重要的是這個位置。

等到起身離開時，能讓你依然重要的，是當初一路努力到這個位置的自己。

名片只是一張薄薄的紙，當你不在那個位置後，真正還看得到你的人有幾個？人生才是你一輩子的志業，而工作只是這份志業當中的一小部分。

你的人生還有愛情、家人、旅行、休閒、夢想，這些部分都包含在你人生志業中。

沒有人能為你的人生負責，什麼才是重要的，全靠自己的取捨。

只是我們總是貪心，認定當奮鬥向上時，人人都該懂得體諒。

只是我們總是以為，許多事情不那麼急，很多人可以一直等待。

沒有人有責任總是等在那裡，等你終於有時間回頭看看她好不好、還在不在。

沒有人必須停下自己的腳步，任誰都有自己的人生，要去完成你不明白的夢想。

再說，並不是每個人的夢想都是出人頭地、想功成名就，像從前的你一樣。

名片只是一張薄薄的紙。

在這個年紀之後，你開始有點明白了這個道理。

那些準時九點上班六點下班，在時間內有效率完成工作的人，才是最懂生活的人。

他們懂得劃分工作在人生這份志業中的比例，在他們的人生裡，所謂的成功是把工作盡力完成，也要把人生這份志業認真過好。

畢竟人生，除了工作之外還有太多、太多我們該好好專注對待的。

自己就是自己的加害者

傷痛之所以不再有殺傷力，
是因為當時的你勇敢地撐住自己走了過來。

懷抱著觀看「暴力美學」的期待，我走進戲院觀看傑克‧葛倫霍（Jake Gyllenhaal）主演的《震撼擂台（Southpaw）》，但它卻讓我哭成了豬頭離開戲院。

連續看了傑克‧葛倫霍的幾部電影，我相當確定他想抓住全世界的目光大吼：
「不是只有希斯‧萊傑（Heath Ledger），我也會演戲！」
一起在李安導演的《斷背山（Brokeback Mountain）》演出，而受到全球注目的兩位後起之秀，注定是要被拿來比較的。
就算兩人交情好到可以當對方孩子的乾爹，就算可敬的對手早已離開人世多年，就算當初因為《斷背山》而入圍奧斯卡最佳男配角的是傑克葛倫霍，但兩人之間的比較始終沒有間斷過。
至少，在我看來傑克‧葛倫霍從來沒有放下過。
也許，他不是不甘心，他只是不想一直輸，他只是必須證明自己也可以是個夠好的演員。
這樣急於證明的心態他絲毫沒有掩飾，為了演出諷刺嗜血媒體的電影《獨家腥聞（Nightcrawler）》，他爆瘦了十幾公斤；又在拍攝《震撼擂台（Southpaw）》時，瘋狂把自己吃胖、練壯，讓自己的外型足以說服觀眾，這次，他是個職業拳擊手。

電影一開始是他所飾演的主角Billy Hope正處於巔峰狀態,打出一場精彩的比賽後再度拿下勝利。

他打拳時從來不採取防禦的姿勢,評論家都說,那是因為他不懂得保護自己。這些專家並不懂他,他不是不懂得保護自己,而是他相信自己夠強大到可以承受對手不論多大的傷害。

所以,他毫不畏懼地讓自己迎向對手一次次的痛擊。

因為明白自己的強大,他沒想過防禦,也不會退縮。

他總以為強大就是自己最好的防禦系統,足以迎戰對方軟弱的拳頭。

但是,再強大的人受了傷也會流血,只是他們不習慣喊痛、不習慣讓人擔心。

在比賽過後,傷害明明白白擺在眼前,不管是全身的疼痛與無力感,或是想跟妻子說話一開口卻鮮血直流,更別提他那鼻青臉腫到慘不忍睹的外貌。

一個人的意志力再堅定,都掩飾不了肉體被傷害後的脆弱。

當劇情走到他遭受人生重大打擊後,一個人躲回房間用枕頭蒙住自己的臉,以為這樣可以障蔽自己的哭聲不傳到別人耳中。

但那樣深沈的哀痛還是穿透了牆壁傳到女兒耳中,也躍出螢幕直搗我的內心深處。

聽到那樣的哭聲、看到那樣不能輕易被理解的傷痛，很難不掉回你我
曾經歷過的絕望深淵裡。

**不曾感受過等不到明天來到的、望眼欲穿卻穿不透黑夜的、怎麼努力
卻還深陷泥淖的，不會懂得想掙脫卻又徒勞無功的疲憊。**

從那一幕開始直到電影結束，我的淚不斷滑落，是心疼他、也心疼當
時的自己，眼淚想停都停不下來。

在那些日子裡，夜晚特別的長、總是等不到白天的亮，淚從停不下來
到再也流不出來。

在一切已經成為過去的現在，再回頭去看看那個時候的傷痛，自然是
已經傷不了你了。傷痛之所以不再有殺傷力，是因為當時的你勇敢地
撐住自己走了過來。

就算每踏出一步之前都還是在害怕著，

就算每踏出一步之前都要深深深呼吸。

你還是鼓起了小小的勇敢，為自己邁開了小小的、慢慢向前的腳步。

讓自己可以繼續把人生過下去，而不僅僅是停格在那個讓你傷透心的
瞬間。

經歷過放棄自己、放縱自我的暗黑時期之後，當他企圖要再振作起來
時，想起了唯一擊敗過自己那位對手的教練。

找到教練的一開始，教練毫不留情地多次拒絕他。不死心的他，跟著教練進了一家酒吧。

在酒吧裡，他們有了這樣的對話：

「發生了什麼事？」教練問。

「有個混蛋開了一槍…我的人生就這樣毀了。」

Billy明顯不想多談，只是簡單的帶過。

「你沒聽懂我的意思，發生了什麼事？」教練再問。

「我剛剛說了，有個混蛋開了一槍…我的人生就這樣毀了。」

他開始有點不耐煩，話裡帶著怒氣。

「發生了什麼事？」教練又問了一次。

他終於發怒，砸了椅子後離開酒吧。

教練問他「發生了什麼事？」是要他正視自己的問題、面對自己的失敗。一問再問，是因為從他的答案中，聽不到對自己曾經做錯事的反省與後悔。

他不認為自己的人生淪落到今天的地步，是因為自己。

他把所有責任推卸給那個混蛋，是那個混蛋在那一天開了那一槍，才毀了我的一生。

把人生的困頓全怪罪給別人，的確會讓你暫時感到輕鬆。

只是，一旦你發現推卸責任之後，

事情沒有變得容易，

問題依舊沒有解決，

僵局還是橫在眼前，

無處可逃的你還是要真正的面對自己，那才會是你最難承受的時候。

皮皮最近結束了一段五、六年的戀情，當身邊的朋友聽說了這個消息時紛紛道恭喜，讓她覺得很不可思議。

某天晚上，當她又跟一位朋友聊起這幾年發生的，男人劈腿不斷接連出現小三、小四、小五，卻還是苦苦哀求著她希望可以復合的戲劇化發展之後。

她雙手一攤，瞪大圓滾滾的雙眼說：

「妳不覺得這一切很荒謬嗎？」

「荒謬的是妳呀！怎麼會讓這樣的事發生在自己身上。」

她的朋友邊搖著頭邊說。

皮皮這才恍然大悟，

一直以為自己是被害者，

卻沒想到把自己推到這樣困境的就是自己，自己就是自己的加害者。

我們都不太擅長與習慣好好看看自己，站在一面全身鏡前，沒過多久
就會想要移開視線。

鏡子裡的自己跟自己想像中應該有的樣子，很不一樣。

就跟要去正視自己個性上的失敗與缺陷，一樣的困難。

面對自己的失敗需要時間、需要相當的勇敢，

但是當你願意去面對了，就能朝想望的方向用力飛去。

因為，一直以來擋在你面前的只有你自己。

你還是鼓起了小小的勇敢，

為自己邁開了小小的、慢慢向前的腳步。

讓自己可以繼續把人生過下去，

而不僅僅是停格在那個讓你傷透心的瞬間。

每一次的相遇都是久別重逢

> 不論是留下了好的、壞的記憶，都是為了教會我
> 在遇見下一個更對的誰時，可以好好地再去愛一次。

妞妞家有四個洗衣籃，三大一小顏色各自不同，功能也不盡相同。
花色、白色、運動衣分別丟進三個大的洗衣籃，小的丟襪子。
要洗衣的時候就可以一目了然，不必再花時間分類。
每個星期天是她心中設定的掃除洗衣日，當地拖乾淨了、洗衣籃也空
了，她才會有完成了一個目標，可以繼續往下個星期奮鬥這樣的心
情。
這個掃除洗衣日雖然勞動累人，但對她來說，療癒功能卻相當強大。
如果有哪個星期太忙了，無法完成這一整套模式，就會讓她覺得渾身
不對勁，無法好好重新開始。

在感情上，她也擁有一樣的習慣。
面對確定自己用盡了全力卻無法再繼續的感情，她會好好的放手讓對
方離開。
傷心難過自然是免不了，只是她不會拖泥帶水的糾纏。
對她來說，心的淨空是相當必要的，就像每週日淨空洗衣籃一樣。當
自己的心真的清空了後，才能夠繼續往前去尋找下一次幸福的可能。

對她來說，愛情這件事只能一次開啟一個檔案。
每當一段新的感情即將開始時，就必須要重新命名，把舊的檔案內容
完全覆蓋掉、並且刪除地乾乾淨淨，連從垃圾桶復原都不可能。

說是刪除，倒也不是刻意的去遺忘，她與生俱來擁有一種天生的優勢，就是她很擅長遺忘。

曾經交往的人不管是姓名或長相，她有時都不太記得，更別提兩人交往時的細節了，曾經許下的山盟海誓更是忘得一乾二淨。

很無情嗎？

我倒覺得這是對現在的愛情最負責任的態度。

最該記得的本來就是現在，曾經的如何都已經是過去了，強要記得又是何必，頂多苦了自己沒半點好處。

但，對她的前任傑森來說，感情卻不是這麼回事。

他是一個習慣保留舊檔，另開新檔的人。

不管兩人分開多久，他時不時就會突然冒出來傳個訊息，企圖要知道現在的妞妞好不好。

現在的他婚姻幸福美滿，在這樣不景氣的年代卻能年年加薪、分紅不斷。

之所以知道這些，是因為在問候妞妞最近好不好的同時，他也不忘記一定會提到自己最近加了薪、拿了一筆分紅，又去了一趟歐洲。

傑森的心態其實不難理解，他之所以時不時就要陰魂不散地出現一下，並不是因為他還愛著她，他只是需要得到一個答案，好終結他自己過不去的心魔。

人生路上一帆風順的他，只有在感情路上跌過兩次跤。

一次是在妞妞之前被劈腿，另一次就是妞妞主動提出分手，漏夜搬出他們一起住的家。

劈腿的女主角，在他跟妞妞開始交往的前半年，打了好幾次的無聲電話來。傑森後來跟她見了面，拒絕了復合的要求，滿意地看著她痛哭流涕後揚長而去。

從此他們就斷了聯絡。

然而，他是一個習慣保留舊檔，開啟新檔的人。

所以這些事、包括交往時的細節都是他告訴妞妞的。

這一次對於妞妞，他之所以沒有辦法放手，是因為他還沒有聽到她的後悔。

心高氣傲如傑森，始終不認為分手並不光只是其中一個人的錯。

他不認為分手的雙方都得負上點責任；他不認為分手的原因也可能是兩人在相處之後，明白了根本不適合。

他只想證明一件事：

跟妞妞的分手錯不在自己。

為了證明錯不在自己，他在妞妞離開之後，在朋友的介紹下，很短的時間內就交到新的女友，並且在短暫交往之後結了婚。

對他來說，這樣做就是一種證明，至少在別人看來會覺得自己不是沒人要、不是結不了婚的那一個。

對他來說，這樣做就是一種證明，證明了上一段感情的失敗錯不在自己，畢竟到現在都還結不了婚的人不是自己。

他三不五時就必須跟妞妞炫耀自己的現況有多好，是希望她感到後悔，是希望聽到她說出一句：

「我當初不應該離開你。」

那他就可以滿意的轉身，從此斷了聯絡，好好地過自己開開心心的嶄新完美人生。

但，偏偏妞妞從來沒有感到過後悔，聽見他現在的超完美人生也總是輕輕說著：

「那很好呀～」

「那很好呀～」這一句沒有份量的回答，不是他等待了這麼久的答案，也不是足以讓他滿意的答案。

如果，真像王家衛導演的電影《一代宗師》裡所說過的：
人生每一次的相遇，都是久別重逢。

如果，人生每一次的相遇，
當真都是久別重逢。

那麼，每一次的分開，也應當是為了要再相遇、為了要再跟下一個對的誰相遇。

不停的相遇、久別重逢、分開，這之間的煎熬難道還不夠折磨人嗎？
為什麼分開後，還非得要繼續傷害相愛過的記憶呢？
不停的相遇、久別重逢、分開，這之間難道不應該是感謝你曾經來過我的生命。
不論是留下了好的、壞的記憶，都是為了教會我在遇見下一個更對的誰時，可以好好地再去愛一次。
你教會了我，不是只要自己夠好，就值得一段好的愛情。
你教會了我，不管再愛一個人，相處才是最重要的課題。
你教會了我，就算再愛自己，也別靠傷害對方維護自尊。

為什麼不能夠在每一次的分開後心懷感激，謝謝你來到我的人生陪伴我走過了這一段路？
當我們不得不放開了手、不得不錯過的時候，就該舉杯高歌，不得不淚別的時候也應該要終日歡慶。
那麼，我們彼此就能放下對方了；
那麼，我們就會再有勇氣往前進了。

我們還是要繼續往前進呀，
不放棄地繼續去找尋自己可能幸福的機會。

往就要跟更對的誰相遇的路上，手舞足蹈前進。
往久別重逢的街角、最對的誰好看的笑臉走去。

有時候會忘記了，我還愛著你

他口中的「純純的愛」成了鯁在妳心頭的一根刺，
妳怎麼也沒想到，這四十多年日日夜夜的相處，
竟比不上那短暫劃過他生命中的流星。

沒有人應該堅強一輩子

電影《45年（45 Years）》一結束，場燈亮起時，我聽見身邊一位陌生女子急急忙忙地追問：

「然後呢？沒有結局嗎？」

表面上看來，導演的確沒有給出一個「非黑即白」的結局。

但是，故事走到電影就要結束之際，答案卻殘忍又真實地寫在主角們的臉上。

之所以沒有「非黑即白」的結局，是因為故事中這對相伴相依多年的老夫妻，跟世界上其他千千萬萬的伴侶一樣，他們真實的人生還在上演著，並沒有因為螢幕暗了、鏡頭離開了，而停下了腳步。

故事開頭，這對老夫妻平淡無奇的一天正要開始，也是他們跟往常沒兩樣的一週正要展開。

如果硬要說這一天或是這一週，跟他們攜手共度的四十多年來的每一天、或每一週有什麼不同，那就是即將到來的週末，他們就要慶祝結婚45週年紀念日。

為什麼是在「45」這樣的週年慶祝呢？

慶祝會場的工作人員替我們問出了這樣的疑問。

原本是要在40週年時慶祝的，但那一年因為男人的身體不適，而臨時取消了。

妳帶著淺淺的笑，做出了這樣的解釋。

雖然已經有了一定的歲數，妳對自己還算滿意，所以妳不刻意做任何的改變。沒有費心保養，妳每天的運動就是大清早帶著家裡的老狗出門散散步。

就算朋友有時會很迂迴地說，有個可以藉由按摩消除黑眼圈的機器想借妳使用，妳也不心動，只是坦率的說：

「如果我看起來很累，妳可以直接告訴我。」

這樣滿足於現狀的幸福，在這個原本一如往常的週一早晨，卻因為一封來自異國的信而開始慢慢地崩壞了。

那封信寫的是德文，妳男人的德文已經生疏到必須翻閱字典再三查對，才能完全搞懂整封信的意思。

但，光是看見了「她」的屍體在阿爾卑斯山的冰河中被找到這件事，男人就激動到夜不成眠。

「她」是男人初初愛戀的對象，是一段純純的愛，至少男人是這樣告訴妳的。

信任這樣的事是經不起考驗的，妳一開始只是好奇，試著用右手食指摳了摳牆上一個不起眼的小洞。

妳以為自己力道夠輕，但，這個原本不特地留意也不會被發現的小洞，居然被妳越挖越大、越挖越深。

越往內挖，妳發現這個不起眼的小洞竟然牽連了整道牆壁。

一天接著一天，妳用自以為很輕很輕的力道，一點一點，淺淺的、慢慢的往內深究，直到有一天整面牆居然就這樣被妳挖垮了。

當那面牆在妳眼前倒下的那一刻，發出了轟隆巨響，揚起的灰塵半天都止不住。

漫天的灰塵讓妳再也看不清楚男人的臉，妳甚至也感受不到他到底是難過，還是鬆了一口氣。

這就是妳對男人的信任崩解的速度，緩慢地、凌遲地，隨著妳知道的事情越來越多而毀壞；像是一眨眼的瞬間，就徹徹底底瓦解了四十多年的累積。

那具被冰凍了五十年的屍體，留住了她的美貌以及他對她的愛情。

他口中的「純純的愛」成了鯁在妳心頭的一根刺，妳怎麼也沒想到，這四十多年日日夜夜的相處，竟比不上那短暫劃過他生命中的流星。

妳早該知道，流星亮眼而且稀有。而四十多年的感情就只像是空氣，無色無味、沒有重量地存在著。

除非失去了，男人根本察覺不到妳的重要。

妳想起有一次，妳在你們臥室裡一道潔白的牆面上，徒手打死了一隻
蚊子。本來想先用抹布把屍體收拾掉的，卻沒料到妳越是動手去擦，
血跡就越暈越開。

後來，不管妳多用力擦拭，還是留下了一道淺淺的痕跡。

就算妳重新塗上了潔白的漆色，仍清清楚楚記得那一抹血的位置。

妳的記性就是這麼好，連妳也拿自己沒辦法。

妳的潔癖就是改也改不掉，妳為此相當苦惱。

妳覺得自己對他來說是夠好的，但是，妳已經不能確定他是不是也這
樣想了。

現在，就算來到了你們45週年的慶祝舞會上，妳還是清清楚楚感受到
那個女人的存在、存在於男人跟妳之間。

會場突然響起了當年你們婚禮的那首歌《Smoke gets in your eyes》，
他一臉得意地看著妳，以為妳不會想到這是他的精心安排。

他牽起妳的手滑進了舞池，整個人相當投入並陶醉地隨著旋律搖擺，
還對著妳大聲哼唱了起來。他雖然唱得走音還零零散散不成調，但歌
詞還是一句句隨著音符飄進了妳的耳中。

聽著那一字一句的諷刺，妳的臉色越來越鐵青。

他們說：

總有一天，你會發現戀愛中的人都是盲目的，

當你的心著火了，

你必須了解，煙霧會迷濛了你雙眼。

於是我挖苦他們，

開心的笑著他們怎能質疑我的愛。

如今，我的愛已遠颺，

我失去了吾愛。

現在，朋友們嘲笑著我掩藏不住的淚水，

於是我笑著說：當愛的火焰熄滅，

煙霧會迷濛了你雙眼。

突然一陣嫌惡的感覺從小腹往妳的心頭燒過去，眼前這個男人妳已經
無法再多忍受一秒，熊熊燃燒起來的衝動，讓妳用力甩開了他的手。
妳不能確定這股嫌惡的感覺，是因為覺得自己被背叛了，還是徹底看
清了，自己對他來說根本不夠重要？

雖然，在一起這麼多年了，有時候會忘記了，我還愛著你。

雖然，在一起這麼多年了，卻從來不敢問，你是否愛過我？

此刻的妳，只想離開這讓妳感到羞辱、讓妳難堪的男人。
此刻的妳，只想忘記自己一直專心無猜地愛著這個男人。

理直氣壯地喜歡上自己

> 會羨慕別人是因為你還不知道自己的好，
> 所以無法打從心底喜歡自己。

從學會比較的那個年紀開始，我們就注定不喜歡自己。

在我們的自以為裡，自己應該是最完美的。
但因為開始學會去比較，讓我們自慚形穢。
鼻子應該再高一點、
眼睛再大一點、
腰要再細一點、
功課應該再好一點，
那麼，大家就會像喜歡那個風雲人物一樣的喜歡我。
拼了命要讓別人喜歡，拼了命的改變只為了補上自尊的缺口。

出身在不同家庭背景的我們，成長過程中各自承載了不同的課題。
父母的教養方式、家境的優渥貧困、遇見的師長、認識的同學朋友，
都從不同的面相影響著我們人格的形成。
我們無法直率地說出自己個性裡暗黑的一面，甚至對自己的弱點也無
法坦然直視。
這些不能面對的自己的性格，也就是我們自尊的缺口。原先預設自己
是完美的，當然承受不了自己的性格有這些、那些缺失。
我們之所以常說成長的過程總跌跌撞撞、滿身傷疤，那是因為我們總
拼命用著自以為對的方式急著補上這些缺口。

這些我們自以為對的方式，有時是對自己殘忍，更可能是對別人很殘忍。我們常在不知不覺中傷害那些自己在乎的人，總以為有些玩笑是幽默。但其實，**所謂的幽默是開自己玩笑，不是把別人當玩笑開。**
尤其，是那些把你當朋友的人。

在懂得不能把嘲笑別人當幽默之後，加上也實在是厭倦了因為別人的玩笑再度受傷，你搶先一步學會了自嘲。
你先是把自己的傷疤與痛楚都適得其所的安置好，然後毫不避諱自嘲過往的不堪，或自己曾經不能直視的缺失。
那時你才發現，無邊無際的開闊與自在，再也不擔心、害怕被人看出什麼暗黑的過去、解不開的心結。

在抵達對的方向之前，
你會受一點傷，
會懂得該殘忍，
會多繞一些路，
會多轉幾個彎，
學會說一些謊。
這些想或不想要的學會，都是被允許而且必要的。

在拼了命要補上自尊的缺口，讓自己抵達完美彼岸的過程中，我們還
會慢慢了解：

會羨慕別人是因為你還不知道自己的好，

所以無法打從心底喜歡自己。

那些一直以來盤據在心中、重重壓著我們，讓自己不喜歡自己的地
方，在漸漸長大的現在，你也開始知道了，其實並不那麼重要。

不會有人因為鼻子太塌跟你分手，就算她真的這樣說那也只是藉口。

不會有人因為不會撒嬌跟妳分手，背後肯定有別的原因只是他不說。

你不會因為不夠高大得不到工作，你不會因為業績不好而沒有朋友。

凡事，總會有一體兩面，

凡人，總不會輕易滿足，

你羨慕他人的好，也可能正是他討厭自己的地方。

You Never Know。

與其花心思跟他人比較，

不如花時間跟自己相處，找出自己的好。

然後，

理直氣壯地喜歡上自己。

普通的人生

我們貪心地希望自己很重要，
卻又渴望跟所有的人一樣普通。

小的時候，沒有人會希望自己將來過得很普通。
我們希望成為重要的人、每天做著重要的決定。
於是，
為了成為重要的人，每天死命的努力。
然後，
真正長大了的現在，在努力成為重要的人的過程裡，漸漸地失去了許
多。因此，對於可以成為重要的人的這件事，卻越來越沒有把握。

我們貪心地希望自己很重要，卻又渴望跟所有的人一樣普通。
普通的過著舒舒服服的日子、普通的在該放假時放假、該結婚時結
婚。普通的咒罵著小氣不加薪的老闆、普通的不停分享各大兩性專家
的金句，企圖在每一句短文中找到自己想要的人生解答。

我們一路搖擺、迷惑，不知道該往哪個方向走去，才能夠讓自己變得
既普通卻又很重要。
拿不定主意的結果，漸漸變成了一個只會迎合他人、個性一點也不尖
銳，只會逃避現實、面對自己時更是一點也不誠實的人。

最終，還是成為了一個普通的大人，沒有實現當年對自己的承諾。

矛盾的是，雖然成為一事無成的普通大人，卻沒有像普通人該有的生活品質。沒有像普通人一樣結婚生子，沒有像普通人一樣的每天開心過日子。

普通，居然成為長大後的你最觸不到的遙遠。

疲累不堪的你終於明白，普通的日子才是現在的你最想要的生活。

就好像在年輕的時候，我們總是熱衷去吸收艱澀難懂的知識，趨之若鶩地觀看所謂有深度的、難以理解下嚥的各類名師大作。

那時候的我們總覺得那才叫做有深度。

日子一天天的過去，人生變得更加複雜難懂。

無解的社會亂象、政治惡鬥，天天逼得我們無法喘息。

於是，我們開始逃避所謂有深度的任何影視或文字作品，反而花費所有休閒時間，在年輕時所不屑接觸的普羅大眾文化上。

年輕時覺得膚淺的東西，在年紀變大的現在卻成了療癒極品。

很諷刺嗎？

更諷刺的還在我們自己個性的轉變上。

在努力了這麼久之後的現在，不但沒有成為很重要的人，到後來還變成了一個膽小鬼，不敢拒絕別人的要求、一昧承受所有的無理對待。

「為了大家之間的和氣嘛～」你說。

你在別人口中是個大好人，但只有自己內心深處清楚明白，你只是不想要被捲入多餘的、沒有意義的紛爭當中。所以，面對別人的任何要求你都說好、都答應。只要能夠獨善其身，把總是來煩你的人打發走，不管再多的麻煩事你都願意做。

但，你沒料想到的是，**人類的劣根性容易在縱容中貪婪吸收養分，無止盡地壯大。到頭來，所有的人都養成了事事推給你的習慣。**

你起初只是心軟、不忍心，在不影響自己太多的狀態下，好心幫忙分擔。到後來，卻已經變成了，「你怎麼可以不幫忙，簡直太過份」想推也推不掉的窘境。

困在這樣的狀況裡，你甚至賠上了自己的情緒，有夠不划算。

你以為自己跟社會亂象一樣被卡住了，動彈不得。

卻忘記了，你的人生之所以成為了現在的模樣，是順著你一天天的選擇、慢慢調整的方向而來。

你是有選擇的，即使到了現在，不管你是幾歲。

永遠要記得你是有選擇的，可以自由選擇的這件事，決定了你是一個什麼樣的人，會擁有什麼樣的人生。

不管是普通的人生，或是很重要的人的人生，你的選擇會決定你的未來，而一切就從還不是太遲的現在開始。

名片只是一張薄薄的紙，

當你不在那個位置後，

真正還看得到你的人有幾個？

人生才是你一輩子的志業，

而工作只是這份志業當中的一小部分。

女人的蛋蛋危機

> 每個奇蹟的發生，都是因為
> 細小環節的彼此相扣匯集而成。

三十好幾的女人，已經沒有人會把妳當成女孩了，就算我們總覺得自己還沒長大、至少還沒長到像個足以獨當一面的大人。

為什麼只有男人可以在心裡有個拒絕長大的彼得潘？

我們心裡也還是個小女孩呀～

女人也不想長大啊～

妳不是個仇男主義者，但卻還是忍不住叨唸起未免也太不公平。

妳看過一篇報導，寫著女人從青春期起，卵子的庫存量就開始倒數，而男人的精子卻是天天新鮮製造，出貨到六、七十歲都不會有問題。

這樣說來，女人從一生下來便開始衰老，男人還一天到晚呼天喊地要搶救他們的蛋蛋危機，真正有蛋蛋危機的是女人吧？

手機裡的月經週期APP只會告訴妳排卵日，卻不保證妳的卵子夠新鮮。

妳太聰明，見過的大風大浪太多，不必別人囉唆，妳早就拿所有狀況來嚇唬自己。

35歲以後當月經遲到了，妳不會偷偷摸摸去藥局挑了牙膏、牙刷、口香糖、OK蹦，來蓋住購物籃裡藏在最底下的驗孕棒。

妳會直接翻開抽屜，拿起那幾盒在聖誕節交換禮物，或跨年的「無用良品」抽獎時拿到的來測試。

只是，比起急著驗孕，妳更多的擔心是自己會不會早發性更年期？
妳畢竟不是聖母瑪利亞，不會在天使來報喜才知道自己無性受孕。

挑什麼？
過了三十歲後，妳三天兩頭就要被問起這個問題。
當在《我的蛋男情人》這部電影裡，聽見梅寶說：
「做人很難的，又要工作，又要戀愛，又要快樂做自己。」
妳的淚就這樣滑了下來。
找男人也很難的，也不是妳想挑。
都幾歲了，妳這別人口中的老妹是被人挑吧？
妳偶爾會自暴自棄這樣想。
但妳不想因為這樣就將就找個人過一輩子。
不只對不起自己，更加對不起自己的小孩。
對，妳是想過要生小孩，但，沒男人怎麼生呀！

初秋的夜晚刮起的風，涼到讓妳連打了好幾個噴嚏。
電影落幕了，妳的人生卻迎來了豁然開朗的明白。
妳曾經聽說談判專家在交涉時只會提出兩個選項，他們說，那是因為
人們在下意識裡會受到操控、會聽話地在提出的兩個選項當中，盲從
其中一樣。

妳覺得大家就是說好了聯手一起這樣對付妳的。

到了這樣的年紀，擺在妳面前的，永遠只有「相親」跟「孤老一生」這兩個堅定不移的選項。

但，妳不盲從，這兩個選項妳怎麼看都不順眼。

這兩個冰冷的選項裡，根本沒有讓妳想要依靠的溫度。

不是因為妳天生叛逆或是對自己的未來特別有把握，而是最重要的「人性」根本被這兩個選項排除在外。

在《薩利機長：哈德遜奇蹟（Sully）》電影裡，薩利機長說了——

既然要討論人為疏失，就應該把人性考量進去。

在薩利機長遇上的狀況裡，飛安調查委員會為了證明，他在事情發生的208秒過程中所做出的決定是錯誤的。

在他的要求下，以真人操控模擬器試飛。

委員會想從模擬器試飛的結果證明，他絕對可以在208秒內順利降落機場，再去質疑他為何要選擇迫降到相對危險的哈德遜河。

聽證會上公開播放的完美模擬試飛結果，也讓他曾經一度懷疑自己。

就在這個時候，他想起了被「完美」排除在外的考慮因素：

「人性」。

於是，他要求完全重現當時他遭遇到的所有狀況，包括了在決定降落地面之前，加進了人性會有的那35秒鐘的思考與遲疑時間。

不是早就知道了下一秒即將會遭遇危險，所以才提前就做好心理準備，所以能夠像機器人般的反應，立刻決定必須轉向機場降落。

更不是經過電腦模擬器試飛多次，即使前幾回機身撞擊地面損壞也不會有人員傷亡，直到第17次的操作後才終於完美降落機場。

沒有遲疑、沒有掙扎、沒有困惑、沒有驚慌、沒有人性。

一旦加上了35秒人性會有的遲疑、人性該有的思考之後，再完美的模擬器試飛都無法辦到，像真實人類操控般的全機平安降落。

那35秒是人性，也是變數。

對於催促著妳快把自己嫁掉的親友來說，「嫁不掉」算來是件人為疏失，那麼，我們就應該把「人性考量」加進來一起討論。

不管是「相親」或「孤老一生」，都被簡化到只有短短幾個字，但現實人生分明不是這個樣子的。並不是乖乖去相了親就一定能找到伴，更不是選擇孤老一生就會悽慘無比。

這樣的推算過程沒有遲疑、沒有掙扎、沒有困惑、沒有驚慌、沒有人性。不管是決定相親或單身會有的變數都在於人性，是個性決定了自己的命運、決定了我們的人生。

妳也認識熱衷參加各類相親、婚活的女孩，最後嫁給了一個老朋友。

而那些決定要自己一個人過一輩子的朋友，瀟灑又愜意的大有人在。

世界上不會有如同奇蹟一般的完美無暇人生，所謂的完美是一種相對的標準。

對薩利機長來說，當年所謂的「哈德遜奇蹟」來自於每一個環節、每一個身在其中的人的全心參與。

始終支持並相信他的副機長，同班飛行的空服員，聽從空服員指示不挑釁、不質疑的乘客，還有海上救援隊的即時趕到。

是每一個環節、每一個身在其中的人共同造就了這個奇蹟。

每個奇蹟的發生，都是因為細小環節的彼此相扣匯集而成。

對妳來說，妳的奇蹟也一樣需要環環相扣。

只是，那些必須環環相扣的細節顯然還在醞釀途中。

在此之前，妳只是耐心的等著，在一場場別人的婚禮裡，模擬自己幸福的模樣。

妳不知道自己會不會要模擬到第17次或者更多，才會成為主角。

但至少，妳明白了自己不再只有「相親」跟「孤老一生」這兩個絕對選項，今天晚上，妳還發現了第三個：「凍卵」。

這個選項也許不會是妳立刻的決定，但對妳來說，卻是一種安心的保證，讓妳明白人生可以慢慢來比較快。

妳明白了，可以慢慢活出自己的人生，完整了一切再去想下一步要什麼、不要什麼。

就算不再是個妹，姐的人生也會過得更精彩、更隨自己的心、更如自己的意。

姐的人生不必對那些假情假意的關心有所交代，只要過得對得起自己就好。

對自己來說，復胖確實是比失戀還要可怕一百倍。

更重要的是，幸福靠的是自己的決定，而不是什麼人的拯救。

堅

You Don't Need To
Be Strong All The
Time

強

06

堅強

人生說來也還算公平，
在狠狠幫妳上過一課後，
就會給妳一些時間恢復勇敢。
但如果妳因為這樣就怕了、
如果妳不讓自己再勇敢一次，
那麼，曾經的痛就不值得了。

每個人都希望被找到

> 妳在藏起軟弱這麼多年之後，只是想要偶爾，
> 在不是太打擾或麻煩了別人的時候，能夠被允許暫時地軟弱。

長到三十不只好幾這樣的年紀，妳以為自己已經夠堅強了，卻在聽說了個壞消息後，輕輕地蹦出了停不住的淚水。

對於自己成長這一路上總是學著想寫好「堅強」這兩個字的努力，卻在幾秒之間就成了一場徒然。

妳有些無力。

但，親愛的，

堅強這樣的事情從來不是一種練習，

也沒有什麼特定的公式可以結算出，

怎樣的自己才夠格被寫上「堅強」並且蓋章認定。

前幾年的妳變得有點排斥「堅強」這件事。

那時的妳，以為自己的堅強是逼不得已的選擇；

那時的妳，以為自己的堅強是硬逼出來的假象，

在別人眼中堅強的自己，卻反而搞得自己很累很累。

後來，

妳想起了在最初的最初，

在妳還以為自己的柔弱是可恥的，

在妳還不懂是柔弱撐起了堅強時，

是因為那時還柔弱的自己選擇了去面對，

那時還柔弱的妳下了鋼鐵般的決心，才讓自己走到了今天。

如果不是當初的柔弱，今天的堅強就無所依附。

最近的妳懂了，妳不再以為自己已經堅強到什麼都不怕，畢竟，沒有人應該堅強一輩子。妳終於明白了自己最想要的並不是變得多麼堅強，或是能夠無堅不摧。

妳想要的是能有這樣一個人，

在他面前就算妳再堅強，他也看穿妳的脆弱，

在他眼裡就算妳最軟弱時，他也不會怕麻煩。

妳只不過想要有這樣一個人，

讓妳不怕自己太堅強也不怕自己會軟弱。

妳只不過想要有這樣一個人，

在妳不論堅強或脆弱時都會留在妳身邊。

能夠堅強或表現軟弱都來自一股內心力量的支撐。

而妳在藏起軟弱這麼多年之後，只是想要偶爾，在不是太打擾或麻煩了別人的時候，能夠被允許暫時地軟弱。

對於總是找不到這樣一個人，妳已經無計可施，甚至有點不知所措。

所幸，在沒有愛情的這些年，妳始終沒有放棄過要相信愛情。

只是，這麼些年過去，妳不得不沮喪地這麼想：

其實是愛情不太相信妳。

不然，怎麼總是找不到妳身上來呢？

明明妳坦蕩蕩地告訴大家妳在找它，妳坦蕩的程度只差沒有沿路敲鑼
打鼓，公然宣告了。

怎麼愛情總是不來敲妳家大門呢？

一個人的日子裡，妳可是都認真的在過，享受是挺享受的，但是難免
有些時候寂寞會竄出來往內心深處輕輕地扎一下，接著，自己就會潰
不成軍好一會兒。

能夠擊敗自己的，又哪只是寂寞而已。

難得興致來了下個廚，一鍋香菇雞湯得要五到六天才能喝完。

還有，就算用盡了全身力氣扭到雙頰漲紅，玻璃罐總還是打不開。

這些生活裡看似最微不足道的小事，卻最容易讓人感到孤單。

每個人都希望被找到。

——《愛情，不用翻譯（Lost in translation）》

妳想起了電影裡的這句話。

妳想起小的時候自己最喜歡玩的遊戲是「捉迷藏」。

因為，玩著這個遊戲的時候會有人一心一意只想找到妳。

而妳喜歡被找到的感覺，總是笑嘻嘻地面對找到妳的人。

妳喜歡玩捉迷藏這個遊戲，是希望自己能夠被某人找到。

長大了以後，妳一直等著被誰找到，

妳總以為一直在枯等的人是自己。

妳踮著腳尖、望著遠方，盼望著。

就算是早一天也好，妳想。

那個該來的人可不可以早一點來到自己身旁，找到妳。

畢竟，妳已經等了好久、好久。

再說，妳也不知道自己還能夠堅持相信愛情多久。

有沒有這樣一個可能，當他朝著妳走來時，妳沒看見。

所以，妳以為他還沒來，但他卻已經待在妳身邊好久、好久。

他早就已經找到妳，是妳，還在讓他繼續苦苦等待，

等待著妳真正看見他。

每個人都希望被找到，而妳什麼時候才要真正看見他、找到他？

聽艾莉說故事

妳想起小的時候自己最喜歡玩的遊戲是「捉迷藏」。

因為，玩著這個遊戲的時候會有人一心一意只想找到妳。

而妳喜歡被找到的感覺，總是笑嘻嘻地面對找到妳的人。

妳喜歡玩捉迷藏這個遊戲，是希望自己能夠被某人找到。

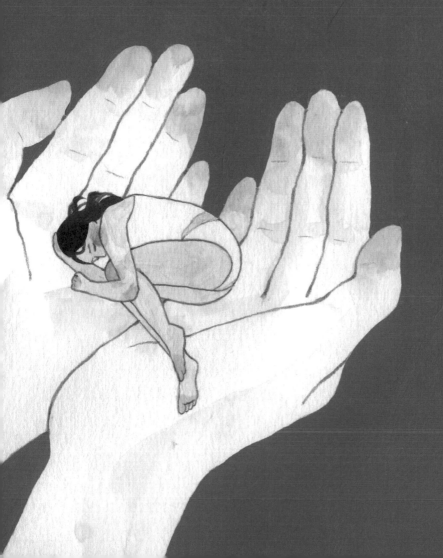

在，也不見

> 既然，把讓你幸福的權利釋出，
> 明知你就在這裡，與我呼吸著相同的空氣。
> 我不見你。

有太多時候，那些說出口的再見，都是因為逞強。
**逞強的再見是要把自己逼到最絕境，也要逼出你的捨不得，然後開口
留住我。**

說出這樣子的「再見」要冒著很大的風險，除非妳清楚掌握了對方會
心軟、對方對妳還有愛。
否則，只是幫對方搭出謝幕的台階，讓他可以從容優雅地離開。
遇上自尊心比較強的對象，更可能強忍心痛讓妳走人。
更何況對很多男人來說，愛情跟自尊是無法相提並論的。

你只要開口說「不要走」，就這樣簡簡單單的三個字，我就會留下。
你甚至不必拉住我、不必戲劇化演出，只要對我說出短短三個字。
但，偏偏你沒有。
我眼睜睜看著你忍住了你的捨不得，我眼睜睜看著你下巴仰起了15度
角，接著有一滴淚順著你滄桑的眼角滑了下來。
當我發現你再捨不得也狠得下心讓我走時，才明白自己傷了你、傷了
我們的愛情有多深。
但也可能被傷得更重的是你的自尊。
因為記得你說過，
從來離開的人都是你，你是沒有辦法接受有人想要離開你的。

一般狀況下，逞強的「再見」在同一個對象身上，使用次數不能超過三次。

第一次說出口時，震撼力十足，會殺的對方措手不及。在毫無準備的狀況下，自然呈現出他的慌張、手足無措，然後全力慰留妳。

第二次說出口時，因為有了上一次的演習，他難過的程度已經減輕了一半。但，人是習慣的動物，對於一段自己還沒有談膩的感情、對於自己還可以忍受缺點的對象，他難免還是依依不捨。

只是再留住妳，兩人之間的問題是否能夠解決、情況是否得以改善，已經在他心中留下不少的問號。

第三次說出口時，他的白眼會忍不住先翻上一圈，心中壓抑許久，對妳不耐煩的情緒會瞬間覆蓋了所有理智。

那些不管是對妳曾經的心疼、甜蜜或不捨，都將在一秒後，被他拋到九霄雲外。

他終於可以冷酷地回妳一聲「再見慢走」；或是你們兩個人大吵一頓之後，不停地惡言相向，然後不愉快的分手，這些都是極可能會發生的難堪場面。

至於決心要「斷捨」卻「難」的狀況下，就會出現「再見，再也不見」的這一種局面。

「再見，再也不見」是一種為了掩飾自己脆弱時最無情、也最無助的表現。

因為看清楚了就算再有愛，你們還是沒有可以一起延續的未來。

但是他容易心軟，必須斷了你們之間任何繼續糾纏的可能。

於是，在妳經常出沒的所有場合，都不會見到他的蹤影。

就算是那些你們曾經有過的共同朋友，他也會不惜斷絕往來、此生不再聯絡。

世人以為這樣的人最是冷酷無情，殊不知那是因為他最是多情。他不能承認自己對妳還有愛，他沒有把握再見到妳之後，不會求妳回頭。

所以，在說了再見之後，他再也不見妳。

所以，在說了再見之後，他不能再見妳。

還有一種最最疼痛的再見，是「再見，在，也不見」。

就算近在咫尺，知道你就在觸手可及的前方。

我不見你。

因為，已經告訴過你，也，告訴過了自己。

在原本以為的幸福裡，沒有我們任何可能的空位。

所以，我決定要退出這場競賽。

既然，把讓你幸福的權利釋出，

明知你就在這裡，與我呼吸著相同的空氣。

我不見你。

不見你，是願意對我們曾經的幸福負責。

不見你，是放手讓各自再有幸福的可能。

這是我武裝過後的若無其事，你別來見我。

別為了裝作大方才來見我，

別為了看我好不好來見我，

別為了怕別人眼光來見我，

別為了讓自己好過來見我。

光是想像你從另一頭穿過重重人群走來見我，我連呼吸都要小心翼
翼。就留給我表面談笑風生，內心卻千刀萬剮的疼痛吧！

你，別來見我。

我們，就算是在同一個地方。

就算你在，我也在，我們都在，再也不見。

在沒有你的地方堅強

> 她之所以什麼都不問，不是以為壞事沒發生，
> 或是想欺騙自己去包庇你，更不是特別笨或全無心機。
> 而是，因為她曾經答應過自己，不管再壞也要跟你一起過下去。

狂風亂掃的某個夜晚，我坐在電腦前正試圖寫篇稿子。

「真的分了，這一次。」
臉書訊息視窗突然跳出阿Sa的話，螢幕上顯示她還在繼續打字。
「我真的好想飛奔到他面前，朝他的臉狠狠揍上一拳。」
平常好脾氣的她、不管被怎麼被欺負都默默忍受，這一次是真的被逼到了臨界點。
之所以會這麼氣這個男人，是因為在交往六年後發現他劈腿了。
不發現還好，一發現居然沒完沒了，小三、小四、小五接連出現。
劇情的開展，簡直比通俗的本土劇還要精彩，也比社會新聞都還要真實與血腥。
但是，現實人生不是看戲，阿Sa是真實地在痛著、在掙扎著。
六年，一段不算短的時間。
六年，本來以為會是一輩子幸福的暖身。
六年，在一夕之間崩塌，感情的殘渣繼續依附著她，還弄髒了自己曾經真心的付出。

分分合合了好多次，整整拖了一年多，這個晚上，她終於正式對我宣布不再回頭。讓她痛下決心是因為發現男人在苦苦挽回她的同時，正準備要跟不知道排行老幾的新歡出國旅行。

「因為我不想要自己一個人出國，所以才找了她一起。但我們各付各的。」

男人用自以為最誠懇的語氣跟表情這樣說。

「只是睡在一起。」

他又說。

「我只能說我們沒有在一起。」

最後還加重了語氣。

看到阿Sa傳送過來「只是睡在一起」這幾個字時，我眨了眨眼，以為自己看錯了。

男人說這話時還臉不紅氣不喘的，阿Sa又補充說。

我並不是很理解，劈腿的人說出辯解之詞時，是不是真的相信錯不在自己。但顯然因為他這樣為自己辯解總是有用，所以才會一試再試不必換招。

我還想起另一個朋友，分明已經抓姦在床，男人還是睜大眼睛對她說：「不是的，你誤會了，我們只是在討論工作。」

怎麼能說出這麼離譜的藉口？

更離譜的是，為什麼他們都以為對方會接受這樣荒唐的爛藉口？

「再怎麼愛一個人都還是要有尊嚴，連自己都不尊重自己，他更不會把妳當一回事。」

我簡短傳給阿Sa這樣一句話，聰明如她自然不需要我多做解釋。

她之所以什麼都不問，不是以為壞事沒發生，或是想欺騙自己去包庇你，更不是特別笨或全無心機。

而是，因為她曾經答應過自己，不管再壞也要跟你一起過下去。

她相信你就算說了謊或隱瞞些什麼，都是因為不想放開她的手，因為太愛她。

是因為了這樣的相信，才讓她在這段愛情中學會了堅強。

但，現在卻因為你的背叛，她只能選擇一個人，在沒有你的地方繼續堅強。

你不會知道，在被你傷害之後的那些日子、那一段路她是怎麼走過來的。她去了一個陌生的國家，離所有擔心她的朋友跟家人很遠很遠。

在臉書上出現時，她總是在笑著，但心裡被你劈開的那個大洞還是不停在流血。

她原本以為自己已經哭到沒有淚，後來才知道傷心沒有期限。

當她自己一個人時，常常痛到說不出口、傷到無法呼吸，回過神來才發現自己已是淚流滿面。

她不是不相信自己可以再快樂起來，

只是，她不知道那會是在什麼時候。

那一段路很黑、很暗、很漫長，而且，她在異鄉，只有自己一個人。

起先，她也只是想辦法讓日子可以一天天的過下去。

她總是告訴我們快樂的好消息，把一個人哭濕被單的夜晚收進自己的懂事裡。

後來，她記起了曾經的夢想，開始逼自己去做一些以前不敢做、沒有做過的事。

她告訴自己，既然已經沒有什麼再害怕失去的，那就只能帶著不安一步步繼續向前了。

她往前走過了很多路，認識了很多人、遇到了很多事，然後明白了發生在生命中的事都自有它的意義。

現在回想起來，她甚至覺得是潛意識拉了自己一把。

否則兩年前還那麼膽小的她，怎麼會突然興起了要到異鄉工作的念頭？

是不是早就察覺到了不對勁，下意識推動重度依賴他的自己，憑著不知道哪裡來的勇氣，邁開了這麼大一步。

給了自己一個離開的機會，也給了自己一個重新開始的機會。

她開始慢慢地變好，從一開始的逼迫自己，到後來的開朗積極。

運隨心轉，當願意讓自己好起來的念力夠強大，自然就會帶來更多更好的機運。

經歷過這一次的傷痛，她似乎有點懂了——

每個人對於愛情的條件不盡相同，

有些人渴望周旋在花叢中，

有些人需要專注地被對待，

雙方的需求不相同，不管對兩個人之中的誰來說都是磨損，自然也無法相處在一起。

人生說來也還算公平，在狠狠幫妳上過一課後，就會給妳一些時間恢復勇敢。

但如果妳因為這樣就怕了、如果妳不讓自己再勇敢一次，

那麼，曾經的痛就不值得了。

分明大好的日子在前頭對妳招手，分明前頭的人也踮著腳盼著妳走來。

經過了這幾年，阿Sa一定可以在沒有他的地方繼續精彩、繼續堅強。

更重要的是，她會遇到讓她愛得尊重自己、依然保有自己的人。

後來，你發現了一種最容易的方法，

用力大笑，笑到眼淚掉下來。

當大家都以為你是快樂的，也就不會追問你的眼淚。

後來的後來，你還陸陸續續學到了一些辦法，不讓別人看見你哭。

像是躲起來，躲到沒有人的角落，再盡情地放聲大哭。

像是讓自己去看一場悲傷的電影，隨著劇情任意宣洩。

所以你喜歡一個人獨來獨往，至少在終於忍不住掉下淚時，不必看見身旁的人臉上尷尬的表情，也不必硬想一些藉口塞滿當時的沈默。

一個人的狀態總能讓你特別安心，因為不必武裝、不必偽裝。

只有那個時候的自己最是脆弱，卻也最是堅強。

這一路上你遇見過很多人，有好人、有壞人，還有那些讓你不得不堅強起來的人。

一開始你總是無法釋懷，面對那些不懷好意而來的人，總顯得不知所措。因為，你不知道自己到底做錯了些什麼，他們要這樣惡意栽贓、冤枉你。

後來，在經歷了幾次之後，你漸漸有些懂了。

有些人的人生是以打擊別人為樂的，他自己或許不見得有達到什麼樣的成就。

但是看到你的失敗、看到你被栽贓、冤枉卻百口莫辯的無助，讓他很痛快。

不為別的，只是為了那一瞬間的爽度。

他不見得會總是披掛著敵人的外衣，更多是披著羊皮的狼，平時就窩在你身邊，甚至更可能是你最親近的朋友。

這些讓我們不得不堅強起來的人，

也常在多年之後最讓我們不痛不癢。

能夠不痛不癢的心境，來自於自己終於學會要看破。

不只是看破人情的無常、更是看破他粗劣的手法，然後一笑置之，讓他的惡意再也傷不了你。

你或許還是會害怕，卻已經不會再去逃避了，

你接受了自己的不夠勇敢。

正因為接受與面對了，自己並不那麼強悍也會害怕膽怯，你反而越來越名符其實地堅強了起來。

對於自己的過往，你也不再遮遮掩掩了。

你之所以對自己的傷疤不再遮遮掩掩、怕人知道，那是因為——

每道傷疤、每個過去

都是你人生的故事

這些曾經告訴了別人，

你到過哪裡，
發生過什麼。

每道傷疤、每個過去，
見證了你之所以成為今天的你的過程。
也
將要見證你就要開心起來的未來。

鋼鐵人的玻璃心

> 真心話對男人而言，
> 是最最最難說出口的溫柔。

「Sorry，Tony，but he is my friend。」

「So was I。」

電影《美國隊長3：英雄內戰（Captain America: Civil War）》裡，當鋼鐵人回答美國隊長這句話時，臉上的表情從震驚到失望而變得傷心欲絕，脆弱地讓人不捨。

我曾經也是你的朋友啊。

這是他最沈重的控訴，因為他只聽到了他以為的意思。

我們總習慣用自己的角度與心態，去解讀他人說出口的話。

在他以為，聽到的是美國隊長選擇酷寒戰士巴奇而背棄他。

但，如果美國隊長不是這個意思呢？

對於交情夠好、把他當做自己人的朋友，我們常會有懶得多做解釋的傾向。

憑我們之間的交情，怎麼還需要我多說呢？

就算我不解釋，你也應該都懂得吧？

多說就矯情了，就做作了。

在我看來，美國隊長是這個意思。

Tony，雖然我們偶爾意見不合，但一起經歷過那麼多事了，我們之間還需要多說、還需要多解釋嗎？

一個眼神、一個動作，我就懂你，你也該懂我。

在他話裡沒有完整說出口的意思是：

「Tony，真的很抱歉，我非這樣做不可，他是我朋友。」

在我聽來，他並沒有把鋼鐵人排除在「朋友」的範圍與界線之外。

反而，比較像是在跟自己兄弟解釋酷寒戰士與自己的交情，希望鋼鐵人也可以把酷寒戰士當做自己兄弟來對待。

只是，對鋼鐵人來說，他要的是獨佔性、他要當你第一名的朋友、最值得信任、最能為彼此犧牲付出的第一名朋友。

所以，他才會因為「He is my friend」這句話而受傷，反射性的啟動自我防衛系統而說出：

「So was I。」

簡單地把與美國隊長之間的友誼斷成了過去式。

只是，美國隊長一直認為就算意見不合、就算爭執不斷，但真正的朋友不就該直言不諱嗎？

一起經歷過這麼多事，我以為你知道我們的友誼是不會輕易決裂的。

斷開友誼的人，他以為是美國隊長，但，其實是鋼鐵人自己。

說穿了，鋼鐵人也不過就是個標準的男人。

男人會想盡辦法掩飾自己的傷痛，用冷嘲熱諷來表達對旁人的關心，

從他的嘴中很難聽見坦率的讚美或表白，因為他不能輕易讓人知道自己的良善，在他看來，那是脆弱的表現。

在日本山田洋次導演的《家族真命苦》電影裡，對於男人這樣慣性壓抑情緒的行為，藉由爺爺這個角色的幾場戲表現得淋漓盡致。

《家族真命苦》講的是三代同堂的故事，結髮將近45年的老夫老妻，老婆在生日當天竟以「離婚」做為禮物，導致整個家庭陷入了混亂。

不管大家怎麼勸，爺爺都說不出好話來挽留感覺心意已決的婆婆。

他總是說：

「那樣肉麻的話，怎麼可能說得出口呢？在一起這麼久了，就算我不說，她也應該都知道吧？」

甚至，全部人聚在一起召開家庭會議討論這件大事時，婆婆終於說出了為什麼想要離婚的理由，他還坐在邊上一副事不關己看熱鬧的模樣，甚至嘲笑起為此吵起架來的兒子跟媳婦。

他沒辦法在眾人面前，顯現出自己因為這件事而難過的樣子，他更沒辦法在眾目睽睽之下，跟婆婆道歉說出「我錯了」、「我一定會改」這樣的話。

在婆婆提出離婚要求後過了幾天，整頓好了自己的心情，他決定要成全她的心願。

那天，跟往常一樣，又是一個平凡寧靜的夜晚。

他在婆婆早就填好的離婚申請書上簽好了名、蓋上了章，遞給她說：

「這麼長的一段時間一直受到妳的照顧。

如果這就是妳想要的，不幫妳完成好像也有點說不過去。

我只想說這45年來，我一直覺得有妳在真好。」

說完後，還故做輕鬆比了個俏皮的手勢，對婆婆說了「Thank you」這樣一句英文。

在他把離婚申請書遞過來的過程中，始終處在驚嚇狀態下的婆婆在聽完這段話後，俐落地撕掉了申請書，微笑著優雅地說：

「這樣就夠了。我會跟你過完這一輩子，直到誰先死去的那一天」

雖然還是討厭他愛喝酒，臭襪子總是亂丟，平常也聽不到他說什麼讚美自己的話。

但，逼到了最後一刻，只是簡單的聽到他說「我一直覺得有妳在真好」，她什麼氣都消失不見了、什麼過不去的心結都過去了。

女人並不是總想著要甜言蜜語，她聽得懂也聽得出你話裡的真心。

如果，只會拿華麗的詞藻堆砌出空洞的承諾，她不要這樣的幸福。

在一起生活的大半輩子，她也明白你的壞習慣還在、臭脾氣難改，她要的也不過就是一個心甘情願。

是你明白了她對你來說很重要，她要離開你會很心慌。

讓她心甘情願地把剩下的人生，繼續跟你牽著手走完。

只是，偏偏真心話對男人而言，是最最最難說出口的溫柔。

對鋼鐵人來說也是一樣，不但日漸被自己這一路走來的罪惡感吞蝕、極度苦痛著。還說不出好聽的甜言蜜語讓小辣椒氣消，他做不到她要的未來，只能眼睜睜送走心愛的女人卻無力挽回。

小辣椒這一走，他的人生都亂了。他表面上不說，以為大家都看不出來。他繼續對身邊的人事物冷嘲熱諷，他埋首研究鋼鐵人如何再進化升級。

復仇者聯盟內部的失控狀態讓他無力回天，更無法原諒自己當初賭氣送走了父母。

這麼多怒氣與不滿積累在心裡，他必須要找到一個可以怪罪的對象，讓他好好洩恨。他需要好好發洩心中的負能量，雖然這些情緒絕大多數是針對自己。

很多人不能理解，為什麼鋼鐵人不能像黑豹一樣通情達理、放下仇恨、不讓憤怒左右自己。

他當然也明白，但他必須要找到一個可以生氣的目標，讓自己有個可以洩恨的對象。雖然，他真正無法原諒的對象，其實是自己。

美國隊長選擇了離開，他當然覺得受傷，但他無法坦率說出，不希望美國隊長離開這樣的話，於是，他又再賭氣的說：

「那個盾牌是我爸爸做的。」

這就像是從小一起長大的兩個小男孩在泥漿裡打了一架、翻臉了，眼看對方要走了，可能從此消失不見，兩個人再也不會是朋友了。

但，我並不想要跟你絕交呀～情急之下便脫口而出：

「你不能走！要走也先把我送給你的東西，通通還給我再走。」

他以為這樣子就可以把想離開的人留下來，卻只看見他扶著酷寒戰士離去的背影。而那個他以為能夠留住人的盾牌，卻孤伶伶地躺在地上冷眼跟他對望。

所幸，疲憊不堪又傷痕累累的鋼鐵人，還有蜘蛛人。

與其說鋼鐵人是蜘蛛人的導師，不如說蜘蛛人是救贖鋼鐵人的重要存在。藉由教導蜘蛛人的過程，他慢慢修補自己內心的傷口，他感覺被需要，並努力彌補同樣傷痕累累的這個世界。

在內心深處，他也明白當自己真正需要幫助時，美國隊長一定會即時趕到。

他們之間的友誼已經不再是朝夕的相處，而是你若安好便是晴天。

終於落下的眼淚

> 要找喜歡妳笑容的人，很簡單。
> 但，
> 願意接住妳眼淚的人，卻很難。

忘記自己是從什麼時候開始喜歡上她的，可能是從第一次被她拒絕時開始的，忍不住就留意起這個女孩。

他是一個熱心的人，見到需要幫助的人總不吝嗇伸出手。加上又細心，所以人緣很好，尤其是女人緣。

女人總樂於接受他的小小幫助，也很容易以為他對自己最特別。

卻不明白，他只是家教好。

他從小就被耳提面命「助人為快樂之本」，不知不覺，幫助其他人已經成為了他的一種生活習慣。

樂於助人，細心體貼加上善於表達，有太多太多表錯情的女孩最後都只能默默吞下傷心淚。

他沒有惡意，也不是故意玩弄女孩的感情，他就是這樣一個很難讓人不喜歡上的男人。

前一陣子，公司來了一個女孩，大家都叫她小薇。

小薇對所有的人都保持著一定距離，是那種不太容易親近的個性。

工作上沒出什麼狀況，但就是獨來獨往，準時上下班，不參與任何同事的聚會。

有一次，他們兩人一起出門拜訪客戶，回到公司樓下計程車門才一關上，小薇就想起自己不小心把工作備忘錄忘在車裡。

回頭要追，已經來不及。

「沒關係，我來處理。」

他沈穩地安慰她，正要拿起手機打給車行，卻被小薇阻止。

「這是我自己出的錯，我自己處理。」

不是害羞的推託，她很堅定地拒絕他的幫助。

「我有記下車號。」

她簡單的解釋後，開始跟電話那一邊的車行客服交涉。

以往他遇到的女孩會在這時候順勢依賴他，但她沒有。

看著她堅毅的神情，他開始好奇起她這個人。

怎麼會有這麼好強的女生？

過了幾個月，公司同事結婚喜宴上，全公司幾乎都到齊了，更特別的是，小薇竟然也到了。

他和小薇的部門被分配到同一桌，他刻意選在小薇的身邊坐下。

「真難得會在這樣的場合看到妳。」

「她是我大學學姐，一直很照顧我，沒想到居然進了同一家公司。」

小薇依舊不多話，簡單的做了解釋。

婚宴上播映的成長影片、新人交換誓詞這些流程逼哭了許多女同事，小薇卻只是像看破紅塵般靜靜地微笑著，一杯紅酒接著一杯，默默看著一切。

散場時，他留意到小薇的步伐有些蹣跚，來到她身邊想要幫忙。小薇
伸直了手臂，用食指指著他左右搖晃著說：

「NO，NO，你太危險了，我可以自己回家。」

危險？

他忍不住笑了，這還是第一次有人用這個詞形容他。

「那我陪妳走一段路，等妳清醒一點我再離開。」

「不用，我可以自己回家。」

她話才講完，一轉身就差點撞到要離開婚宴的其他賓客。

他趕緊一把扶住，她才沒倒在地上。

好說歹說，才買了水、帶著她在路旁的公園先坐了下來。

小薇用礦泉水冰鎮自己通紅的雙頰，邊深深大口呼吸著。

看著這樣的她，他意識到自己已經不光是單純想幫忙了，還有更多的
不放心交雜在情緒裡。

「妳剛剛為什麼說我很危險？」

小薇正低頭跟礦泉水瓶蓋奮戰，沒有想要正視他的問題。

他作了一個想幫忙的手勢，她搖了搖頭，用自己裙擺包住瓶蓋終於成
功開瓶。

他留意到她的手指，因為太過用力，不但泛紅還劃破了皮。

「妳剛剛為什麼說我很危險？」他不死心的又追問一次。

「你是很危險呀～太熱心助人了，很危險。」

他聽不懂這段話的邏輯，卻又覺得這樣的她很可愛。

「妳呀～太逞強了，手都破皮了。」

小薇低頭看著自己的手，沒有說話。

「剛剛好多人都哭翻了，Peggy呀，Lucy呀，連新人送客大合照時，
都還在哭呢！」

他說著些言不及義的話，打破尷尬的沈默。

「我已經很久不哭了。」

酒精的催化讓她今天特別多話。

「為什麼？」

「既然怎麼樣都不會得救，就不用白費力氣表現脆弱了。」

她說完這段話眼神黯淡了下來，這樣的眼神讓他很心疼。

她說，已經不記得是從小學幾年級開始，只要回到家看見餐桌被翻倒
在地上，便知道大人們今天又吵架了。

她就這樣從年紀還太小的時候，被訓練成懂得看人臉色。

在那個男人還沒有拋下他們母子離開前，她是負責跟他討每月生活費
的小孩，每次迎接她的都是嫌惡的眼神。

「對那個年紀的小孩來說，那樣的眼神很傷人，就好像在說，巴不得
當初沒把妳生下來。」

她緩緩喝了口水，又說：

「等到我長到了夠大、夠堅強了以後，在人前，我就不再掉淚了。」

他忍不住輕輕拍拍她的頭，輕到像是怕弄痛她。

他好像有點懂了，對小薇這樣的成長背景來說，

逞強本來就是一種直覺反應。

是野生動物遇到天敵時，下意識要自我保護的那種反應。

反倒是展現柔弱需要太大的勇氣，她會懷疑自己何時能做到。

「真不知道幹嘛跟你說這些……．」

小薇做了個鬼臉，話都還沒說完，突然開始大哭。

他靜靜陪著大哭的她，有一點點開心。

「謝謝妳願意讓我看見妳的痛苦跟眼淚，如果可以的話，我想要繼續陪在妳身邊，也帶給妳快樂。」

小薇抬起了頭，邊啜泣著邊看著他，想起之前看過的一段話：

要找喜歡妳笑容的人，很簡單。

但，

願意接住妳眼淚的人，卻很難。

人生本就該有千樣姿態

前一天我們都還只是個孩子，
只是被迫在午夜之後就要長大成人。

最近迷上走路回家，一開始想讓自己適應這件事時，請出了自己喜歡的音樂來幫忙分攤苦痛。

後來，漸漸喜歡上走路回家這件事後，就順勢讓自己徹底在一小時的時間完全放空。

很多事必須自己覺得舒服、沒有壓迫、感到安全，你才會持續去做。

這個道理可以應用到人生的所有事情，不管是人際之間的往來、愛情，或是工作，關於運動這件事更是。

對我來說，運動不是為了參加比賽，而是要讓自己有運動到的舒暢感。我不追求速度、不追求掌聲或獎牌，而是享受運動過程中的專注與放空。

專注在眼前的事，才是目前最要緊的，把終日思考著的、揮之不去的思緒暫時擱置、放空地度過這一小段時間。

對我來說，是效率極高的抒壓方式。

因為要走路回家，我會刻意減輕放置在包包裡的內容物，走著走著，卻還是會在過一段時間後覺得沈重。

在每一次走路的過程中，從一開始的十五分鐘，到後來每五分鐘就必須交替讓左右肩膀休息一下，也讓自己變換個姿勢繼續前進。

不管原本的包包有多輕，如果不在適當的時候變換一下姿勢，身體的痠痛受傷就會難以避免。這道理我們都懂，不必人教也會因應身體的需求、發出的警告而去做。

但是，**我們卻常在人生裡為難自己，要求自己以一貫的姿態去應對所有的為難。**

要堅強，不能哭，不要麻煩別人，最好所有的事都能獨力完成。

你要求自己以一貫的姿態去面對所有的好好壞壞、所有的為難與歡喜，在風雨飄搖時，在晴天朗朗時，也在攀登峰頂時。

但，人生是由各式各樣的高山低谷交錯落成的，你無法堅持只用一種姿態攀爬。

但，人生的路始終會比我們想像中漫長，不能總是挺直身影堅持以一種姿態前進。

逆風時彎腰，疲累時就停下腳步歇息。

順風時展翅飛翔，豐收時歡慶並感謝。

你的人生應該用你感到最舒服的速度，你的人生可以用千變萬化的姿態對應。

別人無法理解那是必然，因為這不是他的人生。

別人的批判與質疑就當參考，決定還是在自己。

別人的在乎不該影響你，不少這個喜歡你的人。

你的人生缺的從來不是對別人的解釋，而是讓自己最舒適的姿態。

讓自己最舒適的姿態可以隨著路況轉換，順勢時能蜿蜒而上，逆勢時也能蹲低等待時機。

你不必要總是那麼堅強，偶而的脆弱並沒有對不起誰。

你不必要總是扛起所有，放下了手，天也不會塌下來。

你不必要總是無波無動，老天爺也會連著七天下大雨。

你，可以軟弱、可以不負責、可以大哭大鬧。

人生在世我們都是頭一遭，難免犯錯、難免失落、難免不知所措。

就像電影《史帝夫賈伯斯（Steve Jobs）》的片尾曲〈Grew Up At Midnight〉裡所唱的：

前一天我們都還只是個孩子，只是被迫在午夜之後就要長大成人。

堅

You Don't Need To
Be Strong All The
Time

強

07

大人

長成大人之後，
我們太容易忘記痛就要說，
流淚不可恥這樣簡單的事情。

什麼樣的謊言能夠被原諒？

> 很多時候，我們之所以說謊都是為了自我保護。
> 畢竟對每個人來說，這世界上最重要的、最應該要保護的，
> 始終是自己。

提到說謊，多數人的反應都是皺眉、不悅。

但，仔細想想，你，沒說過謊嗎？

人的一輩子不可能不說謊，差別只在於說謊的原因跟目的，所以才會
有「善意的謊言」這種說法。

曾經看過有一組跟「謊言」相關的研究數字，是這樣子的：

每個人平均在每10分鐘的談話中，就會說出3個謊話。

這個數字有點驚人，你或許會覺得難以置信。

那，讓我們換個角度來看看另一組數字：

嬰兒在6個月大時，就會利用假哭和裝笑引起父母的注意。

這樣的結論好像比較可以理解跟接受。那麼，讓我們再接著往下看關
於「謊言」的研究，還會得到什麼讓人出乎意料的統計數字。

每個人平均每天要撒四次謊。

若是照這個統計數據去計算，每個人一年要說上1460句謊話。

當你活到60歲時，也就代表你已經說過將近8萬8千句謊言。

對於這樣的研究結果，如果你的反應是「道德竟淪喪至此」，

那是因為你把說謊這件事想得太嚴重。

其實，我們每個人都很常在不知不覺中就讓謊言脫口而出，尤其是那些為了掩飾自己真正心情的謊言。

比方說，在自己一點都不好的時候，還是對關心你的朋友說了「我很好」。

聽到這裡，你好像有點懂了，終於恍然大悟。

你說，自己也是一樣的。

在面對朋友關心的眼神時，你總是會搶先說：我很好。

因為如果這樣做了，

就不必在朋友問起你好不好時，被迫說謊。

說謊到底能不能被原諒？

很多時候，我們之所以說謊都是為了自我保護。

畢竟對每個人來說，這世界上最重要的、最應該要保護的，

始終是自己。

我有個朋友大偉，人緣不錯。

多數人在提到他時，都不會否認以下形容：

誠懇、老實，沒有心機。

但其實，在他毫無殺傷力的外表下，時時算計著任何對自己最有利的狀況。

人際關係的交陪對他來說，是鞏固自己與身邊人相對利害關係及地位的重要手段。要跟誰交朋友、跟誰再多走得近一點，他都會先經過沙盤推演，然後再徹底執行。

由於他平時塑造的形象極好，因此，當他主動攀談或接近時，幾乎不會有人拒絕。

誰也不會想到在這樣文質彬彬的外表下，有一顆極度憤世嫉俗、時時提心吊膽、避免自己被傷害的玻璃心。

這樣處處小心、汲汲營營，倒也不能全怪他。

大偉是苦過來的孩子，在他成長的一路上幾乎是孤孤單單，沒有大人幫忙遮風擋雨的他，只好被迫學會自己堅強。

中學時的他，被霸凌過一段不短的時間，導致他習慣懷著敵意防範主動接近他的任何人，深怕隨時又有人要把自己手上僅有的東西搶走。

從來沒有人教過他，如何跟別人友善的互動。

從來沒有人告訴過他，朋友之間的幫助往往不帶有特殊企圖。

長期在這樣沒有安全感的狀態下長大，只要稍微感受到生存危機，他就會把挫折給妖魔化，把挫折當成旁人對他的刻意打壓。

不管，這些挫折跟旁人有沒有相關。

不管，這些挫折是不是只因為當時的自己時運不濟。

久而久之，在他的內心堅固地建構起一套SOP，只要事情不順遂，就會馬上編派出一套漂亮的說詞來保護自己的完美形象。

這些他憑空捏造出的說詞，不管波及到誰、讓誰揹了黑鍋都無所謂，只要能讓他自己全身而退、心裡感到安慰就好。

更讓人不寒而慄的是，對於自己編派出來的故事，他向來深信不疑。

他完全相信事情的發展就如同他所想像的那樣，不是因為他做錯了些什麼，或是老天爺就是要他在這時候跌個跤。

他完全相信事情就如同他的想像，是某個誰見不得他好刻意要打壓他，或他就是權力鬥爭下的犧牲者。

總之，他永遠是那個最最最無辜的受害者。

那些張牙舞爪擺明了朝著你撲過來的、擺明著要設局陷害你的人，我們還能夠想辦法閃躲與防備。

但像大偉這樣的人，你根本防不勝防。

他一臉誠懇帶著微笑靠近，不知道什麼時候，一旦懷疑自己受到威脅，為了自我保護及求生存，他會毫不遲疑地將那把鋒利的刀刺向你。

即使你當他是朋友，根本沒有傷他的意圖。
傷重倒地之際，你看見的，還是他眼神裡的誠懇。

但，他的謊言是為了保護自己，你能夠說他是錯的嗎？
究竟，這樣的謊言能不能被原諒？

比起全壘打，更想要四壞球保送

> 正視自己的平凡，明白自己終其一生也許成就不了什麼大事。
> 但，至少可以一天天把自己的人生過好，
> 這是不管在幾歲的我們，都必須面對的無情與殘酷。

你習慣在旁人問你好不好時，大聲的回答：

「我很好！」

語氣要堅定，聲音夠宏亮，而且必須記得帶著笑容。

你總以為自己掩飾得夠好，卻因為異於平常的音量，輕易就能讓人察覺到你的不好。

刻意大聲地說話，是人類心虛的直覺反應，想要掩蓋些什麼卻反而容易被識破。

越是刻意大聲地回答，往往就是代表其實一點也不好。

那麼大的音量，是為了說服別人、也同時說服自己。

那麼大的音量，是為了掩飾心虛、蓋住眼角的哀傷。

你以為這是讓自己勇敢起來的方式，說久了就會成真。

你相信這是可以勇敢起來的方式，於是先說服自己讓自己相信。

你總以為讓自己勇敢起來的方式，

就是假裝自己很勇敢，裝久了也會成真。

當你終於可以裝到連自己都騙過去的那一天，

你相信自己就會真正勇敢了。

其實，更多時候的「面對」是另一種更踏實地，讓自己勇敢起來的方式。我們總是逃避的原因是「害怕」，害怕沒有把握的未來，所以放縱自己逃離，讓自己繼續沈溺在不知情的盲目快樂當中。

「面對」這件事會讓你脫胎換骨，重新做人。

我們總是把「面對」想像的太困難，實際去做了才發現不但很簡單、更意外還讓自己一派輕鬆。

很多事你可以暫時逃離，卻無法一輩子不面對。

「面對」是痛苦的自省，往往發生在當你覺知自己可以從另一個角度看待同一件事時，那麼，就代表你已經開始有所改變了。

像是，驚覺自己總是愛上同一種渣男或同一型公主，

像是，明白了自己常為省得麻煩卻造成別人的麻煩，

像是，總是為了讓別人滿意而賠上了自己全部情緒。

面對的過程很痛、很難，會讓你想要逃避寧願擺爛、繼續沈溺，

再加上，寧願「安逸」這樣的情緒，也任性的拉住你在原地動彈不得。說穿了，這樣的安逸只是逃避現實的怠惰。

如果放任自己身陷其中，一個不留神，不知道哪天你會驚覺自己已經變成小時候最不想成為的那種大人的模樣。

在日本導演是枝裕和（Koreeda Hirokazu）《比海還深（After the Strom）》這部電影中，他藉由在別人眼中相當失敗的男主角來討論：

「你成為自己理想中的大人了嗎？」這個問題。

由阿部寬（Abe Hiroshi）飾演的男主角，在35歲時，因為第一部小說拿到了一個不大不小的文學獎，過了15年後，第二本小說卻依然沒有著落。

當年拿獎時，他曾以為自己已經成為想像中，理想大人應該有的樣子。但是，現在50歲的他，卻是年輕人最不想成為的大人樣子。

諷刺的是，他也曾經說過，並不想成為像自己父親一樣──最討厭的那種大人。

現實人生本來就像失意的男主角對著高中生怒吼的話一樣，並不是每個人都可以輕鬆地成為自己理想中大人該有的模樣。

我們能做到的，就是正視自己的平凡，明白自己終其一生也許成就不了什麼大事。

但，至少可以一天天把自己的人生過好，這是不管在幾歲的我們，都必須面對的無情與殘酷。

關於人生的無可奈何這一點，對在破碎家庭中長大的阿部寬的兒子來說，倒是很腳踏實地在面對著。

也許對他來說，理想大人的樣子還有些模糊，但，關於現在該做個什麼樣的自己，他倒是很有想法。

在又一次的棒球比賽過後，回家的路上媽媽這樣鼓勵他：

「下次要打出全壘打喔～」

說完還摸摸他的頭。

「但，我就是想要被四壞球保送呀～」

他堅定的回答。

比起全壘打，他只想要被四壞球保送，那是他設定的成功目標。

並不是每個人都想要那種符合大眾期盼的、樣版式的絕對成功。

四壞球保送上壘也可以是一種成功的目標，即使這樣的成功其他人並不認同。

就像大家都覺得最尊敬的人就該寫德蕾莎修女，但男孩的作文裡，偏偏寫的是《我的祖母》。

對男孩來說，所謂的勇敢並不是拼命去滿足別人眼中自己該有的樣子，而是努力達到自己想要的目標、表達自己心中的想法。

就算別人眼中那樣的自己一點都不帥，但卻是他最貼近的、自己想要的模樣。

他不是沒有夢想或不敢做夢，他只是一個比較體貼、比較踏實的孩子。

他知道父親要送球鞋時不能選昂貴的美津濃、去速食店點餐只能點一份，是因為潦倒的父親沒有錢。

他尊敬把生活過出自己一套哲學的祖母，他聽著祖母說，「幸福是要犧牲一些什麼才能得到的東西」，也踏實感受到祖母對自己的疼愛。

四壞球保送上壘對他來說，就是現在的自己最踏實可以達成的目標。

完成一個小小的目標，再接著往自己立下的下一個小小的目標前進。

這樣一小步一小步向前走著、這樣一天一天踏實地長大。

也許有一天，就可以抵達自己理想中的大人該有的樣子。

讓自己勇敢起來的方式，

不見得會是驚天動地到足以力拔山河，

也許，

只是像四壞球保送這樣，比全壘打還讓你開心、卻微不足道的事情。

但是，因為你做到了一直要求自己做到的，

但是，因為你沒有放棄讓自己去盡力做到，

於是，

你也就找到了，可以讓自己慢慢變得勇敢起來的方式。

人生說來也還算公平，

在狠狠幫妳上過一課後，

就會給妳一些時間恢復勇敢。

如果妳因為這樣就怕了、

如果妳不讓自己再勇敢一次，

那麼，曾經的痛就不值得了。

長成大人之後，我們太容易忘記痛就要說，
流淚不可恥這樣簡單的事情。
當抱怨與不滿超過了自己可以負荷的，
你會忘記了最初那個渴望長大的自己。

只要我過得比你好

經歷了些什麼都是人生的過程，沒什麼可以多說的、
也沒什麼可以抱怨的，重要的是妳走過來了、
妳克服了以前的自己，而且現在的妳很快樂。

七夕情人節那天，我感觸良多地寫下了一則短文。

在街上遇見挽著另一半的舊情人。

自己最好的狀態，

不是身著華服、妝容美好。

而是，

我的手也正巧有人牽著。

這則短文，其實有更簡單的幾個字可以替代：

只要我過得比你好。

我們帶著七情六慾過著一生，不論對象是誰，總免不了會有眼紅或心
理不平衡的時候。

關於「分手後要不要祝福前任」這一道課題，我向來覺得那是種多餘
的祝福。

祝福了他，他也不見得真的會從此幸福，有這樣的餘力，還不如讓自
己過得更好。

萬一，他真的比較幸福了，妳會不會悔不當初自己的離開，或是自己
曾經給過祝福？

在過去相處時已經用盡全力全心對待，就算是因為自己的付出不是他
要的方式，才斷送了這段愛情。

但，妳已經對得起這份愛情、對得起你們的相遇。

因此，讓自己過得更好，應該是遠比希望對方過得好，更為重要的事。

當然，我們都會在跟朋友聊起來的時候，說說一些像是：

如果他過得不是那麼好，那我就放心了。

或者是，

不管怎麼樣，一定要過得比他好、比他先找到下一個幸福。

這樣子的玩笑話。

但，誰過得比誰好有何重要？

重要的是，妳是不是真心覺得自己過得夠好？

在那個被人生第一場愛情遺棄的年少，當時心痛到無法再感覺到痛，深信自己被留下了、被遺棄了。

從小就害怕著並一再重演的噩夢終究還是發生了，自己不被任何人需要，尤其是第一次想要好好去愛的那個人。

受到了這樣的挫敗，在內心和氣力還弱小、還沒被豢養到夠強大的時候，因為擔心自己不被需要、不夠重要，總是躲著不肯見人。

具有這樣自卑性格的其中有些人，可以經過時間的歷練，慢慢得到自信。

但，有一些比較心急、急著被愛、急著被肯定的，則會在好不容易有
了一點點成就時，就敲鑼打鼓唯恐天下不知。

因為擔心別人不明白自己有多優秀，因為擔心再不告訴別人自己有多
好，就不會有人願意愛自己了。

所以，自卑反而驅使了過度的自負、自吹自擂。

還有一些人則是實在太過自卑了，為了保護軟弱的自己又加上太害怕
再被誰傷害，反而把個性扭曲成傲慢、難以親近的討厭鬼。

學會用傲慢武裝自己，把傲慢用力往上撐，架起一個巨大的外在形體
把自己完整地包覆起來。

那是一種空心的傲慢，空盪盪的內心裡裝著滿滿的自卑，是種瀰漫著
腐爛氣味的水仙般的孤芳自賞。

沒自信的人，只能從別人的愛、別人的稱讚，或者前任過得並不好這
樣的竊喜當中，堆疊起不堪一擊的信心。

這歪七扭八的信心經不起碰撞，只要被任意抽走一塊，就會瞬間崩
塌。

2016年里約奧運中瞬間竄紅的傅園慧，在某一次接受訪問的時候，不
願多提在參加奧運之前那段不堪回首的魔鬼訓練，她只是笑著說：

鬼知道我經歷了什麼，我經常感覺自己就要死了。經歷的痛苦很多，可我不想告訴大家，因為說出來真的會漫眼淚。

很多人驚訝她沒有拿下金牌卻依舊開朗時，她說。

我沒拿冠軍，但我已經超越了自己。

經歷了些什麼都是人生的過程，沒什麼可以多說的、也沒什麼可以抱怨的，重要的是妳走過來了、妳克服了以前的自己，而且現在的妳很快樂。

真的過得很好、早就走出過去的人，才不會管前任到底過得好不好。

因為，

妳很清楚明白自己現在過得很好，這樣的好，給妳足夠的自信。

就算在別人眼裡覺得妳過得只算還好，

但妳獲得了自我心理強大的滿足，根本不需要別人的肯定才能肯定自己，妳過得有多好自己明白，不必跟誰證明或者向誰交代。

妳的人生好到根本不會想起他。

他過得好也罷，過得不好也罷，都不干妳的事。

不是目空一切的盲目快樂，而是發自內心的滿足。

就算物質條件不及他人的富裕，但精神上的豐盈卻勝過了一切。

對妳來說，現在的自己過得比誰都好、都開心，這才是最重要的。

成為大人是怎麼一回事

> 在成為大人以後，很多人都變得愛哭了，
> 那是因為我們的心越來越柔軟。
> 淚水是哀悼失去的美好、是珍惜還能夠留在身旁的。

在年紀還小的時候，你也很常有過這樣的疑問吧？

「成為大人究竟是怎麼一回事呢？」

即使到了現在，確實已經長成了大人這樣的歲數，卻還不能夠精確地說出：「所謂成為大人呀，其實就是這一回事呢～」

這樣篤定的話。

恐怕是所有大人們都有的迷惘吧？

日本某啤酒品牌針對這樣的「迷惘」拍了一系列意味深長的廣告──《通往大人世界的電梯》。

廣告中，妻夫木聰這個迷惘的年輕人，帶著期待又不安的心情搭上了電梯，而這神秘的媒介將要帶他任意暢遊大人的世界。

緩緩上升的過程中，他的腦海裡充斥著許多想像。

就像我們一樣，也曾幻想長大以後的自己，會住在寬敞漂亮的大房子，會有個心愛的人陪在身邊，每年至少出國兩次，可以擺脫現在的無力感，無憂無慮地過著日子。

但是，電梯載著他去到的地方，不是他的未來、更沒有他以為會看見成為大人後自己的樣子。

電梯載著他去了三個不同的場景，遇見了三位不同的大人。

這三位不同的大人，分別是北野武、竹中直人、Lily Franky。

他們雖然在各自的領域裡都活得精彩，獨特的人生歷練盡刻在臉上、寫進眼裡，卻不是一般社會標準中那種成功人士應有的樣子。

因此，當他們用自己的邏輯回答妻夫木聰的疑問時，好像也挺能讓人從中理解一些道理、得到自己想要的答案。

面對人生的前輩，妻夫木聰忍不住一個問題接著一個問題，只是想要弄懂：

「所謂的大人，到底是什麼？」

他跟北野武聊到了金錢。

「錢要賺多少才夠呢？」

這是年輕人的疑惑。

「到餐廳吃飯的時候，口袋裡有不管點什麼料理都吃得起的錢，就夠了。」

人生的前輩這樣說。

北野武講的是一種對金錢豁達的態度。

錢，當然沒有人會嫌賺得太多，只是要賺到多少才能夠讓你真正滿足，不會有標準答案。

每個人的慾望層級，需要被填補的安全感各不相同。

只是，在追逐金錢的過程中，所必須付出的代價，不論是把人生經營得從容不迫、追求夢想可能的犧牲冒險、那些原本該陪伴重要的人的時間或是自己的身體健康，都是我們自己要去取捨、衡量的輕重。

沒有輕易到達的成功，沒有簡單入手的財富。

到頭來我們終究會明白，想要的遠遠超過必要的，才是讓我們面對金錢永遠不會滿足的真正原因。

接著，他們討論到了「要如何讓自己看起來不下流？」

「就要老實說出來呀～當不能說出口的慾望被看穿的時候，就會被說下流了。」

北野武的回答深得我心。

人的七情六慾其實相去不遠，只是平常在道德觀的束縛下，都不敢明目張膽的說出口。

可以坦白說出跟別人一樣都有的慾望，反而會顯得你直白的可愛。

不再玩猜來猜去的遊戲，就直接戳破虛偽的清高假象。

慾望來自於人性，任誰都會有說也說不完的想要清單。

因為一直被教育擁有慾望是自私的、擁有慾望是見不得人的、是讓人害羞的。所以我們常違背本性假裝自己並不在意、無法正視自己的慾望清單。

老實說出慾望，就像是要把藏得最深、最不願意面對的自己攤在所有人面前一樣的困難。

這些困難與彆扭，會在終於能夠說出口後完全得到釋放。

終於能夠隨心所欲、終於可以任性而為、終於不再害怕被失去綁架，日子再也不會比這個時候更暢快、舒服。

這是成為大人後的任性與自在，但這樣的任性自在還是有它的分寸，不會讓自己的任性去傷害別人。

我們太明白這些說不出口的、在每一次的呼吸與眼神照會之間流竄的慾望，正因為太明白，也就學會了更容易看穿他人的慾望。

看穿了慾望，放下了比較與嫉妒這些雜亂情緒，明白了會失去的，原本就不屬於我們。

接著，在兩個不同的場景裡，兩位人生的前輩又跟他討論起各自不同的課題。

「大家都說累積經驗會越來越輕鬆吧？才沒有這回事呢～」

竹中直人毫不客氣地戳破了妻夫木聰眼底的希望。

成為大人並不表示我們就會憑空得到某種超能力，變得堅不可摧、凡事都有辦法解決。

成為大人以後，我們也許會更加的沒用，面對不斷出現的人生關卡會不停地卡關。是經驗的累積成就了我們的耐心，以及看穿世事無常的眼力。

我們學會了等待雨過天晴，我們明白了就算頂上總是烏雲密佈，但這世界總有其他角落不會同時下著雨。

就算是有點沒用的大人，

也明白了成功的定義在於終能超越自己的那一天。

就算是有點沒用的大人，

還是學會了老天爺給的課題往往需要時間找答案。

就算是有點沒用的大人，

在關卡的面前終於能夠忍住不耐煩不逃避的面對。

就算是有點沒用的大人，

知道了原諒不是輕易放過誰而是真正地放過自己。

接著，Lily Franky更是毫不留情的句句逼近對他說：

變成大人會越來越痛苦喔～

很多討人厭的事等著你呢。

什麼是變老？就是哀愁不斷累積下去⋯⋯

人類越被世俗污染，就越愛哭，真的會越來越愛哭。

變成大人是不是真的越來越痛苦或是越來越愛哭？

變成大人之後真的有更多討人厭的事等待著我們？

其實不盡然。

人生每個時期都有各自覺得過不去的苦痛，

但我們終究都還是走了過來。

變成大人以後並不會越來越痛苦，相反的，會越來越豁達。

那些大人會有的苦痛、低潮、憂鬱還是避免不了，之所以不會越來越痛苦，是因為在成為大人之前這沿途的準備與練習，讓現在的我們被負面情緒困住的時間會越來越短。

我們看穿人生的複雜是來自過於計較的心態，當你可以把日子過得簡單隨心，就不會再捨得為了計較誰勝誰負，而失去了已經擁有的快樂自在。

你終於明白，可以弄壞你情緒的不會是別人，往往都是因為自己。

我們也許阻止不了壞天氣的發生，但是當暴風雨來襲時，就像經常聽到的那句話所說的：

我們要做的不是要等待暴風雨過去，而是要學會在雨中跳舞。

（Life isn't about waiting for the storm to pass...It's about learning to dance in the rain.）

在成為大人以後，很多人都變得愛哭了，

那是因為我們的心越來越柔軟。

我們越來越明白隨著歲月流逝，失去的會越來越多。

淚水是哀悼失去的美好、是珍惜還能夠留在身旁的。

當初，那個血氣方剛的少年、那個看不慣這個世界總是憤怒著的自
己，在變成了大人之後終於願意擁抱這個不完美的世界、不完美的人
生、不完美的自己。

明白了自己的不完美，接受了自己的人生即使不是最完美的，卻是最
如自己心意的一趟旅程。

一輩子很長，最重要的始終還是自己。

這樣的意思並不是要你成為一個自私的大人。

而是因為受過傷，明白了就算被傷成這樣，還是可以活過來。

更明白受了多大的傷都沒什麼大不了，只要自己還在，只要自己還願
意努力下去，事情就是會有變好的那一天。

也不再總是要求自己必須堅強、獨立、懂事。

受了傷也沒關係、脆弱點也沒關係、想依賴誰也很好。

就算是個不那麼OK的大人，也沒有關係。

帶著傷、允許自己偶爾的脆弱，累了就去依賴誰，等到可以強大起來
的時候，再也不怕會被傷害時便可以成為誰的依靠。

這就是你這一路走來，努力成為的大人的樣子。

曾經想像過的大人的世界，跟你後來看見的有什麼不同呢？

成為大人到底是怎麼一回事？

在我看來，成為大人就會明白了一些像是這樣的事情：

是你明白了好事總是跟壞事一起來，

是妳懂了心動之後的心安才更重要，

是你可以自然說出，不想與不願意，

是妳愛著一個人也不見得能在一起。

做為一個大人要忍耐的事

> 如果，懂事成熟就代表了凡事委曲求全，
> 那麼，我們可不可以不要長大？

在我年紀還很小的時候讀著三毛，關於「長大」這件事，她有著這樣
的描述：

老師常常穿著一種在小腿背後有一條線的那種絲襪。
當她踩著高跟鞋，一步步地移動時，美麗的線條便跟著在窄窄的旗袍
下晃動。
在那種時候，老師，便代表了一種分界，也代表了一個孩子眼中所謂
成長的外在實相──高跟鞋、窄裙，花襯衫、捲曲的頭髮、口紅、項
鍊……

這段文字影響我很深，那時的我以為穿上絲襪與高跟鞋，是一種長大
必須要有的模樣。
於是，從年紀很小的時候，我就開始期待著穿上絲襪跟高跟鞋這樣代
表長成大人的事。
等到自己真正穿上絲襪跟高跟鞋，卻出乎意料地，帶給我難以想像的
苦痛。
但是，為了符合自己一直以來心中的期待，我忍耐著穿絲襪與高跟鞋
的不適，只希望自己可以更接近三毛所描述大人該有的樣子一些些。
每次的悶熱、磨出水泡、破皮，都跟距離當初自己想要成為一個大人
的那種興奮、期待落差太過遙遠。

這真的是做為一個大人應該要忍耐的事嗎？

忍耐著職場上不合理的對待，才會被歸納為懂事。

忍耐著不讓真正的情緒宣洩，才能被歸納為成熟。

如果，懂事成熟就代表了凡事委曲求全，那麼，我們可不可以不要長大？

做為一個大人要忍耐的事，種類繁雜到十支手指頭數也數不清。

像是我的朋友小花，前幾天到去東京出差。

她刻意提早了一天出發，只為了要跟正在東京度假的老公跟女兒可以在異鄉相聚幾個小時。

而父女兩人其實已經到東京旅行超過一個星期了，原本就計畫當天就要回家。

短暫相聚過後，小花送他們去搭前往機場的成田特快，之後她一個人孤伶伶地搭上湘南新宿線。

原本早就習慣了一個人在不同國家出差的她，突然覺得好寂寞。

揮別了親愛的家人，自己孤單單地轉身過後。其實，眼淚就不爭氣地掉了下來。

好討厭出差，好想和他們一起回家。

但做為一個大人，這樣的話是說不出口的。

可能你也處在一樣的無奈環境中。

明明是面對不對盤的人，卻還是要堆著笑臉、聊著天。

你說，最讓人傷感的，不是一開始就不想打交道，而保持好距離的人；最讓人傷感的，是經過時間相處後看穿了的那些人。

你們曾經掏心掏肺的聊過，他卻沒心沒肺地暗地插你一刀。

在你都還來不及看清楚下手的人是誰，他用最誠懇的表情繼續靠近你，把那一刀插得更深。

他不是不明白你會知道是他下的手，但他總是有辦法繼續若無其事地面對你。

這是你怎麼都學不來、也並不想要學會的大人模樣。

做為一個大人要忍耐的事太多，首先要學會的，就是「忍耐」這件事。只是，忍耐不光是逼迫自己接受現實，更多的時候，忍耐也該有個出路。

忍耐，也要學著自己排解抱怨與不滿。

忍耐，不能只是悶在心裡什麼都不說。

長成大人之後，我們太容易忘記痛就要說，

流淚不可恥這樣簡單的事情。

當抱怨與不滿超過了自己可以負荷的，你會忘記了最初那個渴望長大的自己。

我們要學會有態度的長大，不總是忍氣吞聲卻也不氣勢凌人。

有態度地面對所有人，並不是要你總是尖銳相對。針鋒相對無法解決問題，但你的態度要在柔軟中有著不可動搖的堅定。

這樣才能站好你的腳步，走你要走的路，成為你想要成為的大人的模樣。

世界上唯一重要的事情

> 人們最需要的是心理上的被理解與陪伴，
> 所謂的真相到底是什麼，也不見得是最重要的事了。

當有個故事，主角設定是93歲的福爾摩斯，這位已經退休的名偵探不但身體出現問題，連記憶也開始衰退。但他仍決心在沒有華生幫助的情況下，著手偵破一件幾十年前的懸案。這樣的電影不吸引你嗎？

《福爾摩斯先生（MR. Holmes）》是一部以老年的福爾摩斯為題的電影，全片情節在幾個事件、時空錯置之間，交雜進行著：

一，讓他決定結束偵探生活而退休的案件；

二，企圖挽救自己的記憶力而前往日本的旅行；

還有，闖進他老年生活的小男孩。

我們總以為很瞭解自己身邊的一些人，卻往往不瞭解真實的他。

就像福爾摩斯，我們所熟知的、在華生醫師筆下的描述是：

他喜歡戴著獵鹿帽、咬著煙斗。

但事實上，他從來沒有戴過那樣的帽子，更別提他其實比較喜歡抽雪茄。

天天見面的同事、睡在同張床上的伴侶、從小一起長大的兄弟姊妹、見證妳每段戀愛的死黨，還有撫養你長大的爸媽，我們心目中以為的他們究竟跟真正的他們差別有多大？

當這部電影終了時，我想到自己曾寫過的一段話：

現實人生跟柯南辦案其實相去不遠，真相只有一個。

真相的確只有一個，而且還常常不會是你準備好了要聽到的那一個。

但真相攤在面前時，你真的準備好要接受了嗎？

還是你想要聽到的是自己心中設定好的標準真相？

真相真的只有一個嗎？

結局難道只有一種嗎？

要從誰的角度看過去才是唯一的真相、才是所謂的結局呢？

也許，對很多當事人來說，真相是如何根本早已不重要了。

就算邏輯推演精確、眼神銳利觀察如福爾摩斯，總是可以推敲出最接近的真相、最符合事實發生當下的狀況，但那會是當事人想要聽到的嗎？

你急著要告知的真相，他真的想知道嗎？

還是，他更想聽到的是你說出他心中覺得的真相？

福爾摩斯一定沒想過，自己會有記憶力衰退至此的一天。

但也因為這樣的變故，才讓他有了全新的經歷，才讓他的人生轉向了另一面截然不同的旖麗風光。

始終是個傳奇的他，在電影終了前跌落到這世俗人間，褪色成了跟你我一般的凡人。

他不再像年輕時恃才自傲、完全沒有一點正常人的喜怒哀樂。

他曾經認為人死了就是死了，不必特別哀傷，因為哀傷這樣的情緒根本無法改變事實，簡直一點用處也沒有。

他年輕時常因為太過直率、白目的發言，傷人而不自知。

現在，他試著不透過華生醫生筆下，自己主動寫起了小說。

開始動筆書寫，就好像開始明白了華生醫師的一些心情。

比方，為什麼要虛構他喜歡戴著獵鹿帽、咬著煙斗。

書寫的過程不只讓他重新回憶案件，也讓他真正面對了自己，以一個第三者的角度去檢視總是不惜翻天覆地、不顧及旁人感受，只顧著追求真相的自己。

透過書寫原本像是在敘述著一個案件，後來他終於想起，這就是讓他決定結束偵探生活而退休的案件，是他心中懸宕多年的心結，這個事件嚴重到讓他懲罰自己，離群索居35年。

加上在那一趟原本是為了幫助自己，挽救記憶才去到日本的旅行，導演藉由廣島倖存者的遭遇與療傷行為，讓福爾摩斯在93歲的高齡才終於學會了人情世故的重要。

他終於跟著所有的人一樣有了喜怒哀樂，有了正常人類普遍的情緒起伏。

片尾時，他在草原上一一輕放石頭，並且開始膜拜，他對天地產生敬畏之心、對於人世的無常終於感同身受。

93歲的福爾摩斯因為回憶起案件的全貌、日本那趟旅行的結果，還有與小男孩之間的相處，這三個不同時期發生的事件加總起來，讓他學會了珍惜身邊重要的人、也懂得了失去的苦痛。

但也因為福爾摩斯變成了凡人，一生固執於追求事實真相，對虛擬事件（像是華生對他以及所有案件的敘述）嗤之以鼻的他，才終於瞭解：

很多時候，事實並不是這世界上唯一重要的事情。

當他對真相不再執著，也終於學會了為什麼平凡的人們常喜歡說一些善意的謊言。

善意的謊言，往往也是當事人真正想聽見的真相。

也許，

人們最想要的始終是彌補缺憾，

人們最需要的是心理上的被理解與陪伴，

所謂的真相到底是什麼，也不見得是最重要的事了。

最難的開口

Hello
你還會是我的嗎？
我還在原地等你。
已經面對面了，卻遠的像是兩個世界。

已經分手的兩個人在許久不見後，意料之外的重逢時，最難的是開口的第一句話。

該說什麼才得體？

用什麼樣的語氣？

放多少情感進去？

Apple一直覺得自己很幸運，居然可以在這個不大不小的都市裡存活了下來。

這麼多年過去，終於從一個總是慌慌張張，不停在道歉的女孩畢業。

長大成一個踩著高跟鞋依然能踏出堅定的步伐，很明白自己接下來方向的女人。這個女人別的不說，至少在外表上虛張聲勢所撐起來的氣場，很能唬人。

她有一份很喜歡又足以養活自己的工作、有一些總是壞嘴卻最真心的朋友，還有數不清的死對頭，以及一些總是看她不順眼的人。

有「死對頭」這樣的事，才是比任何其他東西都更重要的證明，證明自己真正經歷過腥風血雨的考驗，在這個會吃人的大都市存活下來。

有能力的人才被會討厭。

有能力的人總是被麻煩。

有能力的人喜怒形於色。

有能力的人因為正向思考，會一直幸運下去。

她一直是這麼告訴自己的。

至少，在今天晚上之前，她還是這麼想的。

在今天晚上之前，她一直擁有一個沒被破解的好運氣——不會巧遇舊情人。

在這樣的大都市打滾了這些年，誰沒有一些過去？

而這些過去，她可是真正的放手讓他們過去了。

就像日本導演是枝裕和（Koreeda Hirokazu）的《比海還深（After the Strom）》這部電影中所說的：

有勇氣成為別人的過去，才是個成熟的大人。

她這個成熟的大人，雖然都放手放得很乾淨、很徹底，卻還是難免幻想過很多次，如果、萬一，在某一天，不小心巧遇某個舊情人的場景。

最好是在她減肥成功，成功擠進了那套剪裁完美套裝的那一天。

那一天，她精緻淡雅的妝容恰恰好維持到，在上下手扶梯跟他錯身而過的那時候。

那時候的她正忙著處理公事，但他在遠遠的那一頭就注意到了豔光四射的她。

幾經掙扎，不敵賀爾蒙激發的他忍不住喊了她的小名。

聽見了他熟悉、迷人的聲音，以及讓自己臉紅心跳的小名，她驚訝地抬起頭，並送出一個嘴角剛剛好揚起15度的迷人笑容。

兩人在短短十秒不到錯身而過，沒有誰要奔向誰的俗爛劇情發展，一切到此為止。

她打了場勝仗，他心底全是波瀾。

何其完美的劇本，雖然全都只是自己腦補的想像。

一開始她還會認認真真防備著萬一真有這麼一天。

後來日子久了，力氣都花在跟生活拼鬥上了，哪裡還有心思想其他。

分明在自己編寫的腳本裡，已經設定好了最完美的時機。但，愛捉弄人的老天爺怎麼會讓她如願呢？

祂偏偏要選在今天。

今天的她因為經前症候群水腫了三公斤不止，為了讓發腫的自己舒服一些，穿了件寬寬鬆鬆的長洋裝。

簡單來說，現在的她就是一棵會移動的聖誕樹，沒有半點曲線。

下午三點開例會時，突然被老闆指派參加這場應酬，沒想到一踏進會場就遇見了他。

一看見他，她的神經整個緊繃了起來。

一定要表現的很灑脫，不洩漏任何喜怒。

下巴微微上抬，是自己最有把握的角度。

不能高傲，用剛剛好的氣勢來撐住自己。

邊提醒著自己邊端著一杯酒，朝他走去。

移動的同時，她的腦子裡不停想著：

該說什麼才得體？

用什麼樣的語氣？

放多少情感進去？

第一句話到底該說什麼？

「Hello.」

她聽見自己小小的、微微顫抖的聲音。

他正在跟另一個人聊天，沒有看見她。

跟自己的劇本很不一樣，為什麼他沒有看見艷光四射的自己？

她只能呆呆地站在原地看著他，邊想著。

Hello

還沒好的心痛呢？

想吻你的衝動呢？

Hello

你還會是我的嗎？

我還在原地等你。

已經面對面了，卻遠的像是兩個世界，

一個自己在世界的盡頭流著淚喊著想你，

一個自己在你面前努力像個成熟的大人。

「Hello.」

她又聽見自己說。

男人客氣而疏遠地點了點頭，牽起身邊真正艷光四射的女人就走了。

最後，她只能用沙啞、低沉的聲音對著他的背影說：

「Hello.」

不多不少，就只有這五個英文字母。

他們之間就只剩下這樣了。

看著男人的背影，她大大喘了一口氣，所有的壓力都釋放了。

還真是虛驚一場，這男人根本不是她的舊情人。

看來這個月的經前症候群有點厲害過了頭，她已經累到眼花了，還是
早點回家休息吧～

淚水是哀悼失去的美好、
是珍惜還能夠留在身旁的。

真相的確只有一個，

而且還常常不會是你準備好了要聽到的那一個。

但真相攤在面前時，你真的準備好要接受了嗎？

老天爺讓你錯過這個人，
真的是因為有個更好的在下一個路口，
等著要跟你攜手日常。

沒有人應該堅強一輩子

作　　者 | 艾莉 Ally
發 行 人 | 林隆奮 Frank Lin
社　　長 | 蘇國林 Green Su

出版團隊
總 編 輯 | 葉怡慧 Carol Yeh
企劃編輯 | 鄭世佳 Josephine Cheng
封面裝幀 | 江孟達工作室
內頁插圖 | 詹筱帆 Chan Hsiao Fan
版面設計 | 黃靖芳 Jing Huang

行銷統籌
業務處長 | 吳宗庭 Tim Wu
業務主任 | 蘇倍生 Benson Su
業務專員 | 鍾依娟 Irina Chung
業務秘書 | 陳曉琪 Angel Chen、莊皓雯 Gia Chuang
行銷主任 | 朱韻淑 Vina Ju

發行公司 | 悅知文化　精誠資訊股份有限公司
　　　　　105台北市松山區復興北路99號12樓
訂購專線 | (02) 2719-8811
訂購傳真 | (02) 2719-7980
專屬網址 | http://www.delightpress.com.tw
悅知客服 | cs@delightpress.com.tw
ISBN：978-986-510-193-0
建議售價 | 新台幣360元　　二版一刷 | 2021年12月

國家圖書館出版品預行編目資料

沒有人應該堅強一輩子／艾莉著. --
二版. -- 臺北市：精誠資訊, 2021.12
　面；　公分
ISBN 978-986-510-193-0(平裝)
1.兩性關係 2.生活指導

544.7　　　　　　　　　　110021016

建議分類 | 心理勵志

著作權聲明

本書之封面、內文、編排等著作權或其他智慧財產權均歸精誠資訊股份有限公司所有或授權精誠資訊股份有限公司為合法之權利使用人，未經書面授權同意，不得以任何形式轉載、複製、引用於任何平面或電子網路。

商標聲明

書中所引用之商標及產品名稱分屬於其原合法註冊公司所有，使用者未取得書面許可，不得以任何形式予以變更、重製、出版、轉載、散佈或傳播，違者依法追究責任。

版權所有　翻印必究

本書若有缺頁、破損或裝訂錯誤，請寄回更換
Printed in Taiwan

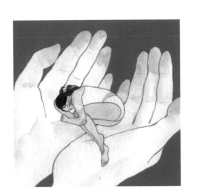

悦知文化
Delight Press

線上讀者問卷 TAKE OUR ONLINE READER SURVEY

親愛的
不堅強，不是示弱，
那是放下。

──────《沒有人應該堅強一輩子》

請拿出手機掃描以下QRcode或輸入
以下網址，即可連結讀者問卷。
關於這本書的任何閱讀心得或建議，
歡迎與我們分享 ☺

https://bit.ly/3gDlBez

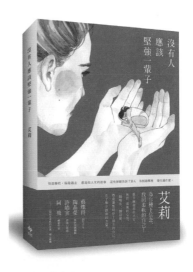